XV CIÊNCIA EM CENA
O TEATRO COMO INSTRUMENTO DE DIVULGAÇÃO E POPULARIZAÇÃO DA CIÊNCIA

Editora Appris Ltda.
1.ª Edição - Copyright© 2024 dos autores
Direitos de Edição Reservados à Editora Appris Ltda.

Nenhuma parte desta obra poderá ser utilizada indevidamente, sem estar de acordo com a Lei nº 9.610/98. Se incorreções forem encontradas, serão de exclusiva responsabilidade de seus organizadores. Foi realizado o Depósito Legal na Fundação Biblioteca Nacional, de acordo com as Leis nos 10.994, de 14/12/2004, e 12.192, de 14/01/2010.

Catalogação na Fonte
Elaborado por: Josefina A. S. Guedes
Bibliotecária CRB 9/870

Q7q 2024	XV ciência em cena: o teatro como instrumento de divulgação e popularização da ciência / Anne Gabriella Dias Santos ... [et al.] (orgs.). – 1. ed. – Curitiba: Appris, 2024. 185 p. : il. ; 16 x 23 cm. (Arte, Corpo e Educação Estética). Vários autores. ISBN 978-65-250-6089-7 1. Artes cênicas. 2. Divulgação científica. 3. Ciência. I. Santos, Anne Gabriella Dias. II. Título. III. Série. CDD – 792

Livro de acordo com a normalização técnica da ABNT

Appris
editora

Editora e Livraria Appris Ltda.
Av. Manoel Ribas, 2265 – Mercês
Curitiba/PR – CEP: 80810-002
Tel. (41) 3156 - 4731
www.editoraappris.com.br

Printed in Brazil
Impresso no Brasil

Anne Gabriella Dias Santos
Francisco Souto de Sousa Júnior
Kelânia Freire Martins Mesquita
Keurison Figueredo Magalhães
Manoel Fábio Rodrigues
(org.)

XV CIÊNCIA EM CENA
O TEATRO COMO INSTRUMENTO DE DIVULGAÇÃO E POPULARIZAÇÃO DA CIÊNCIA

Appris
editora

Curitiba, PR
2024

FICHA TÉCNICA

EDITORIAL
Augusto V. de A. Coelho
Sara C. de Andrade Coelho

COMITÊ EDITORIAL
Marli Caetano
Andréa Barbosa Gouveia - UFPR
Edmeire C. Pereira - UFPR
Iraneide da Silva - UFC
Jacques de Lima Ferreira - UP

SUPERVISOR DA PRODUÇÃO
Renata Cristina Lopes Miccelli

PRODUÇÃO EDITORIAL
Bruna Holmen

REVISÃO
Cristiana Leal

DIAGRAMAÇÃO
Renata Cristina Lopes Miccelli

CAPA
Eneo Lage

COMITÊ CIENTÍFICO DA COLEÇÃO ARTE, CORPO E EDUCAÇÃO ESTÉTICA

DIREÇÃO CIENTÍFICA
Jean Carlos Gonçalves (UFPR)

CONSULTORES NACIONAIS
Adrianne Ogêda Guedes (Unirio)
Adair de Aguiar Neitzel (Univali)
Jessé da Cruz (UFSM)
Karina Campos de Almeida (ESCH)
Lucia Maria Salgado dos Santos Lombardi (UFSCar)
Martha de Mello Ribeiro - UFF
Vicente Concilio - UDESC

Carla Carvalho (Furb)
Carlos Gontijo Rosa (Ufac)
Victor Hugo Neves de Oliveira (UFPB)
Jurandir Eduardo Pereira Júnior (UFMA)
Maria de Fátima Gomes da Silva (UPE)
Tiago de Brito Cruvinel (IFMG)

INTERNACIONAIS
Jean-Frédéric Chevallier
Tiago Porteiro

Angela Maria Chaverra Brand
Carla Garcia Saul Marcelino

PREFÁCIO

O multiculturalismo e o contexto sociopolítico atual, bem como a inquietude de crianças e jovens, são elementos que, assim como para Candau (2005, 2013), nos levaram a pensar sobre como atuar na sociedade em que vivemos. Entender o espaço não formal como meio formativo foi um dos motivos que nos fez pensar a relação entre artes cênicas e ciência. Na tentativa de reinventar a educação escolar e oferecer espaços e tempos de ensino-aprendizagem significativos e desafiantes, nasceu, em 2004, o projeto Ouroboros, da Universidade Federal de São Carlos (UFSCar). Contudo, o fazer e o aprender só seriam de fato significativos se fossem compartilhados, e em 2007 conseguimos reunir outros grupos que divulgassem ciência por meio das artes cênicas. Naquele primeiro encontro, foram cinco coletivos teatrais, além do Ouroboros: o Teatro do Grande Urso Navegante de São Carlos, o grupo teatral da Seara da Ciência da UFC, o grupo de teatro do Espaço Ciência da UFPe, o grupo Alquimia da Unesp de Araraquara, os grupos do Estação Ciência da USP e o Arte e Ciência do Palco, ambos de São Paulo. Desses, apenas o Ouroboros e o Alquimia eram formados por alunos universitários de cursos de Química, os outros quatro grupos eram formados, parcial ou totalmente, por profissionais ou alunos em formação em artes cênicas. Foram quatro dias de partilhas muito produtivas na UFSCar, em São Carlos, com oficinas de teatro, circo, experimentação química, além de uma mesa redonda sobre divulgação científica e as apresentações das peças teatrais dos grupos participantes. Nascia então o *Ciência em Cena: encontro de teatro e divulgação científica*, reunindo pessoas entusiastas das artes e das ciências, profissionais das duas áreas que, juntos, se propuseram a formar e divulgar as ciências exatas e da natureza para o público espontâneo.

Palcos diversos receberam a caravana anualmente, e mais de 160 espetáculos foram criados e assistidos por milhares de pessoas em cidades, como São Carlos/SP (2007, 2008, 2011, 2014, 2017), Araraquara/SP (2014), Mossoró/RN (2009), Fortaleza/CE (2010), Caxias/MA (2012), Pacoti/CE (2013), Itapipoca/CE (2015), Salvador/BA (2016), Macaé/RJ (2018) e Matinhos/PR (2019). Grupos teatrais de universidades, centros de pesquisa, museus de ciência, escolas de educação básica, projetos sociais, bem como grupos de teatro profissional do Brasil e de países como Portugal, Espanha e Uruguai, dividiram o palco em prol da divulgação científica por meio das artes cênicas.

Em 2020 o evento voltaria para Mossoró, mas uma pandemia paralisou o mundo. A Covid-19 matou oficialmente 7 milhões de pessoas entre 2020 e 2021, mas, em 2023, a Organização Mundial da Saúde (OMS) estima que mais de 20 milhões de pessoas teriam morrido devido à pandemia. Sentimentos variados, entre medo, insegurança e tristeza pelas pessoas queridas que se foram, acometeram o mundo, e não foi diferente no Ciência em Cena, que perdeu um de seus maiores entusiastas, o professor Luiz Di Souza, que justamente nos receberia em Mossoró em 2020. O combate às *fake news,* num primeiro momento e, depois de desenvolvida a vacina, a luta contra um movimento antivacina, por meio de fatos e dados científicos, mostraram a grande importância da divulgação da ciência. Esse propósito unido à arte aumentou ainda mais a resiliência dos grupos teatrais e nos impulsionou a continuar, a reinventar os trabalhos e fazer em 2020 uma série de *lives* para compartilhar as histórias dos encontros do Ciência em Cena, com depoimentos de vários integrantes dos grupos que estavam pelo Brasil e pelo mundo. A tecnologia nos permitiu ficar unidos nesse momento e, em 2021, realizar a 14ª edição do evento de modo remoto, com apresentações teatrais, oficinas, palestras e apresentação de trabalhos científicos, fazendo um registro histórico e consolidando a potência criativa e produtiva desses coletivos científicos teatrais.

É especial, após esses 15 anos de história, prefaciar esta publicação com as histórias de algumas peças teatrais apresentadas no XV Ciência em Cena, realizado em Mossoró-RN, em 2022. Foi emocionante voltar ao teatro Dix-Huit Rosado para assistir a montagens tão especiais, que homenagearam, encantaram e impactaram a plateia, e assistir presencialmente às apresentações de vários grupos teatrais que integram a caravana do Ciência em Cena.

Os caminhos também mostraram que, para além da divulgação científica, a pesquisa na área da divulgação, por meio das artes cênicas, era possível. A formação de dezenas de alunos, nos níveis de graduação e pós-graduação, nas universidades, continua essa história com muita arte, ciência e inclusão. Financiamentos foram concedidos por diferentes instituições e órgãos de fomento para a realização dos eventos e das pesquisas na área, o que mostra a importância e a relevância em ensino, pesquisa e extensão em âmbito nacional e internacional do então Instituto Ciência em Cena.

Que se abram as cortinas para uma nova temporada de espetáculos em que a ciência e a arte dialoguem como nunca e que cada vez mais o público possa participar da conquista desses grupos que bravamente promovem a formação de discentes e docentes e entregam o que de mais valioso a universidade e a pesquisa podem oferecer: o conhecimento.

Os textos e o processo criativo são particulares de cada grupo, mas a temática científica e o diálogo espontâneo com o público, com diferentes formações e intenções, são um propósito comum. Os porquês, para quem, quando, como e onde as peças teatrais são apresentadas, além do retorno do público, são fundamentais para que essa comunicação da ciência seja significativa, cidadã e gere criticidade e reflexão por parte de quem a faz e de quem a recebe. Somos todos protagonistas nesse palco, e cada vez mais acredito que quem divulga ensina e aprende. Que os grupos dessa caravana continuem a construir esse caminho juntos, tendo a arte e a ciência numa relação simbiótica, não só levando e trazendo informação científica, mas também consolidando ideais de diversidade, multiculturalidade e inclusão!

Julho de 2023

Karina Omuro Lupetti

Doutora em Química pela Universidade Federal de São Carlos, trabalha com recursos midiáticos para divulgação científica e ensino não formal de ciências

SUMÁRIO

INTRODUÇÃO 11

CAPÍTULO I
A BORBOLETA DA COLINA
GRUPO FLOGISTO 15
Renan Sota Guimarães

CAPÍTULO II
A CIÊNCIA DA RODA OU A RODA DA CIÊNCIA? 23
Francisco Souto de Sousa Júnior, José Americo Ferreira de Oliveira, Luiza Maria Lima Oliveira &
Francisco Rogenildo da Silva

CAPÍTULO III
BICHOS ARRETADOS E ONDE HABITAM
FANATICOS DA QUÍMICA 31
Miguel Martins dos Santos Neto, Maria Izabel de Oliveira Cardoso, Jessica Danielly Silva, Keurison
Figueredo Magalhães, Kelânia Freire Martins Mesquita & Anne Gabriella Dias Santos

CAPÍTULO IV
CORAÇÃO EM CHAGAS
GRUPO DE TEATRO CIENTÍFICO DA UNIVERSIDADE
ESTADUAL DE PONTA GROSSA (GTC-UEPG) 49
Renan Sota Guimarães & Jocemar de Quadros Chagas

CAPÍTULO V
ALICE NO PAÍS DAS BOLHAS
NÚCLEO ALQUIMIA 87
Rodrigo Costa Marques, Rodrigo Ferreira Luiz, Bruck Woliver, Antonio Carlos de Oliveira Martins &
Jaqueline Molina Gregório

CAPÍTULO VI
QUÍMICA EM AÇÃO
IQ-TV 123

João Victor Lopes Barreto, Maryanne Ladeia de Oliveira, Sophia Fernandes Dias de Lima, Henrique, Kamantschek Watanabe, Eliane Fleming Oliveira, Gabriel Clem Albuquerque Sasdelli, Ana Carolina Echeguren Campos, Livia Renata Andrade de Lima, Laura Lessinger Checchia, Letícia Garcia Nishiura & Flora Pinheiro Cauli Carvalho

CAPÍTULO VII
SCIENCE PUB – A BALADA BRILHANTE
GRUPO TUBO DE ENSAIO 163

Francisco Furtado Tavares Lins, José Gelson Soares Braga, Leonardo Gomes de Sousa, Antonia Mariana Barbosa Ramos, Cláudio Tafarel Barbosa Gomes, Isabel Mayara da Costa Magalhães, Echiley Maiara Veloso Ribeiro, Antônio Márcio Alves dos Santos, Moisés Vicente de Sousa, Francisco Bernardo Rodrigues Braga, Maria Luana Matias Teixeira & João Batista de Sousa Silva

SOBRE OS AUTORES 177

INTRODUÇÃO

Descortina-se, a partir desta obra, mais uma oportunidade de ensinar, aprender e viver a emoção do teatro combinada com a expectativa da descoberta gerada pela ciência. Reunimos, nessa primeira edição do livro *XV Ciência em Cena*, o teatro como instrumento de divulgação e popularização da ciência, uma coletânea de peças teatrais inspiradas em temáticas científicas.

A obra contém sete peças, estruturadas em sinopse, informações, observações relevantes, roteiro, lista de personagens, ficha técnica e ficha de experimentos. Cada peça foi elaborada por um grupo de teatro com foco na divulgação de temas científicos; em comum, possuem objetivos educacionais e podem ser adaptadas à realidade da escola, bem como servir de inspiração para criação de esquetes para ambientes diversos, especialmente para a educação básica.

Os grupos aqui presentes, a partir de suas peças, são o Grupo Flogisto (independente, PR), o Baobá (UFERSA), o FANATicos da Química (UERN), o Grupo de Teatro Científico da Universidade Estadual de Ponta Grossa (UEPG), o Núcleo Alquimia (UNESP), o Química em Ação (USP) e o Grupo Tubo de Ensaio (UECE).

Cabe salientar que cada peça presente nesta obra foi apresentada no evento anual que inspira o nome do livro, realizado entre os dias 29 de novembro e 2 de dezembro de 2022, em Mossoró-RN, no palco do Teatro Municipal Dix-Huit Rosado. Foi uma programação intensa que incluiu, além das apresentações, a realização de oficinas e seções orais de trabalhos científicos e relatos de experiência. Também estiveram presentes, no palco do teatro, naquela ocasião, os grupos Oroboros e Olhares (UFSCar), Seara da Ciência (UFC) e Bardo da Ciência (Uruguai).

Apresentamos nas próximas linhas, às leitoras e aos leitores, a apresentação realizada na abertura do evento, momento em que os palestrantes desenvolveram um diálogo que passeia por fatos históricos e marcantes da cidade sede.

Abertura do XV Ciência em Cena – Mossoró/RN – 29/11/2022

Gabi: — Boa noite!

Souto: — Boa Noite!

Gabi: — Sejam todas, todos e todes bem-vindes!

Souto: — Ao XV Ciência em Cena!

Gabi: — Que Alegria, professor Souto, receber este evento aqui na nossa cidade, Mossoró/RN.

Souto: — Isso mesmo professor Gabriela... Mossoró dos motins das mulheres.

Gabi: — Mossoró, entre as seis primeiras cidades do país a abolir a escravidão.

Souto: — Mossoró, do primeiro voto feminino da América Latina.

Gabi: — Viva Celina Guimarães Viana!

Francisco: — Mossoró passou por outro episódio que marcou seu nome na história do país.

Gabi: — Enfrentou o bando de Virgulino Lampião.

Souto: — A batalha contra os cangaceiros, em 1927, é grande exemplo da cultura e da resistência do povo mossoroense.

Gabi: — Segundo contam, herdou a característica dos índios Moxorós.

Souto: — Mossoró, que hoje sedia o XV Ciência em Cena.

Gabi: — Podemos considerar o evento, professor, como um antídoto contra o negacionismo e suas variantes, unindo ciência e arte.

Souto: — Em tempos de bravatas negacionistas — nos quais o terraplanismo e a disseminação de falsos e absurdos efeitos colaterais das vacinas se espalharam —, a ciência tomou o centro da cena nos mais diversos meios de comunicação e informação.

Gabi: A solicitação da avaliação científica tornou-se uma tônica, conferindo à ciência e aos cientistas destaque incomum.

Souto: — É a partir do parecer científico que se tem engrossado o movimento contra a propagação de fake news, particularmente aquelas que, sem qualquer aparato crítico relevante e confiável, disseminam efeitos absurdos e fantasiosos.

Gabi: — Por isso, professor, é tão importante atividades, projetos, eventos de divulgação cientifica...

Souto: — Exatamente, professora! O negacionismo resulta, em certa medida, da falta de divulgação científica.

Gabi: — Aí está uma das grandes importâncias do Ciência em cena, que surgiu com o objetivo inicial de reunir grupos que utilizam o teatro para divulgação científica.

Souto: Este evento nasceu em 2007, na Universidade Federal de São Carlos, organizado pelo grupo Oroboros, que tem como coordenadora a professora Karina Omuro Lupetti .

Gabi: — O encontro já foi sediado quatro vezes pela UFSCar, em São Carlos, e itinerou para Mossoró/RN, Fortaleza/CE, Caxias/MA, Macaé/RJ e Matinhos/PR, sendo recebido pelos grupos teatrais da UFSCar, UERN, UFC, UEMA, UECE, UFBA, UFRJ e UFTPR respectivamente.

Souto: — É composto por apresentações teatrais de temáticas científicas, oficinas de teatro, música, ciências, dança, apresentação de trabalhos científicos, mesas redondas e uma forte união de ciência e arte durante quatro dias de atividade.

Gabi: — O Ciência em Cena tem ganhado notoriedade e já é um evento consolidado, aumentando o público participante a cada versão, bem como tem tido apoio de órgãos de fomento em todas as suas edições.

Souto: — O evento tem disponibilizado espaços e momentos de reflexão coletiva, discussão e apresentações de espetáculos de teatro de temática científica, estimulando trocas de experiências e de ações colaborativas entre estudantes universitários, educadores, pesquisadores e a comunidade em geral na perspectiva da educação em ciências e da divulgação científica.

Gabi: — Após 12 anos, e na sua décima quinta edição, o evento retorna à cidade de Mossoró, a "capital da cultura do Rio Grande do Norte".

Souto: — Este CC, como costumo dizer, foi organizado com muito afeto, partilha, correria, emoções, lembranças, choro, alegrias e sonhos.

Gabi: — E este sonho hoje concretizado, na materialização da realização dos espaços de discursão entre ciência e arte, só foi possível graças a vocês, alunos e alunas...

Souto: — Às nossas universidades públicas, UFERSA e UERN...

Gabi: — À prefeitura municipal de Mossoró...

Souto: — E ao Concelho Nacional de Desenvolvimento Científico e Tecnológico.

Gabi: — Estamos aqui, professor Souto, representando os demais coordenadores deste evento.

Souto: — Professora Kelania Mesquita (UERN)...

Gabi: — Professor Keurison (UERN)...

Souto: — Professor Fábio (UERN)...

Gabi: — E professora Manuela (UERN).

Souto: — Aproveitem cada momento, cada instante deste Ciência em Cena, pois ele foi organizado com muito cuidado, afeto e muita esperança.

Gabi: — Esperança de esperançar, como nos diz Paulo Freire.

Souto: — Esperançar é ir atrás, esperançar é construir...

Gabi: — Esperançar é não desistir! Esperançar é levar adiante...

Souto: — Esperançar é juntar-se com outros para fazer de outro modo...

Gabi e Souto: — Tenham um ótimo Ciência em Cena e não se esqueçam nunca de esperançar!

Gabi e Souto: — Obrigado!

CAPÍTULO I

A BORBOLETA DA COLINA

GRUPO FLOGISTO

Renan Sota Guimarães

SINOPSE

Na natureza nada se cria, nada se perde, tudo se transforma. Um enredo sobre transformação, contado de forma poética e envolvente. À espera de convidados para um jantar, um homem reflete sobre as possíveis transformações da vida e das coisas.

INFORMAÇÕES SOBRE A PEÇA

Número mínimo de atores/atrizes: um (pode ser adaptado para mais atores).

Tempo: 45 min.

Espaço: Palco.

Narrador(a)? Sim.

Cenário: Uma mesa e duas cadeiras, flores e tecidos.

Sonoplastia: Mecânica com características da cultura mexicana.

Experimentos: Não há.

Iluminação: Lanternas para a produção das sombras e iluminação cênica caso o espaço tenha.

Maquiagem: Tons de palidez.

Figurino: Trajes elegantes.

OBSERVAÇÕES RELEVANTES

O texto foi elaborado em 2020, durante a pandemia, participou de alguns festivais de teatro e recebeu o prêmio de melhor espetáculo do 49° Festival Nacional de Teatro (Fenata) em Ponta Grossa/PR.

Originalmente o texto é um monólogo, porém foi adaptado para quatro personagens. No XV Ciência em Cena o espetáculo sofreu outra alteração, sendo adaptado para 3 integrantes.

ROTEIRO

A CENA SE INICIA COM UM ATOR ARRUMANDO O PALCO COMO SE FOSSE UMA SALA DE JANTAR. AO PERCEBER QUE O PÚBLICO SE ACOMODOU EM SEUS LUGARES...

HOMEM: — Me perdoem, estou com um pouco de pressa, por isso não posso dar muita atenção a vocês. Todos esses preparativos são para um jantar muito especial. Apesar dos convidados não serem nem um pouco exigentes, eu resolvi caprichar na decoração. Como vocês podem perceber, esse lugar é horroroso, eu estou... é é... putz, esqueci a palavra, eu estou tentando... é... Ah, esqueçam! O fato é que tenho que deixar esse lugar bonito. Quem me conhece sabe; sempre que ofereço um jantar, dedico boa parte do meu tempo com a arrumação, a ornamentação do ambiente e dos pratos. Sempre ouvi dizer que primeiro se come com olhos, depois com os dentes. E que, quando a gente morre, os olhos são os primeiros a serem comidos, e os dentes permanecem intactos.

PAUSA. O ATOR PEGA UMA FLOR BEM MURCHA E OLHA FIXO PARA ELA COM TOM REFLEXIVO.

HOMEM (AO PÚBLICO): — Que estranho, não é mesmo? Em vida comemos primeiros com olhos e depois com a boca; quando morremos, comem primeiro nossos olhos e depois a boca. Que coincidência estranha! (MUDA O TOM). Que flor mais horrorosa!

ARREMEÇA A FLOR PARA LONGE. ARREPENDE-SE E A PEGA NOVAMENTE, ANALISANDO-A.

HOMEM: — Não, espera. Um dia ela já foi bonita, tenho certeza que já alimentou alguma borboleta com seu amarelado pólen e exalou perfume que agradou algum ser. (AO PÚBLICO) Como pode algo tão belo se transformar em uma coisa tão feia? Transformação... essa é a palavra. Lembrei! Eu estou tentando transformar esse lugar. Deixá-lo com um ar mais sofisticado. Falando nisso, preciso terminar a arrumação antes que a hora chegue.

VOLTA A ARRUMAR A DECORAÇÃO.

HOMEM (AO PÚBLICO): — Vocês não acham transformação uma palavra tão bonita? Transformar... é mudar de forma de aspecto através de algo... Já ouviram falar em Lavoisier? Sim? Não? Um grande químico. Ele disse que a soma da massa dos reagentes é igual à soma da massa dos produtos. Que complexo isso, mas vou traduzir. Na linguagem popular, isso quer dizer que na natureza nada se cria, nada se perde, tudo se transforma (PAUSA). Eu sempre senti apego por aquilo que é passageiro, que muda, transforma.

SOLTA-SE FUMAÇA NO PALCO, O HOMEM COMEÇA DANÇAR LENTAMENTE NO MEIO DELA COMO SE FOSSE UMA NEBLINA. AINDA DANÇANDO...

HOMEM: — Quando era pequeno, morava numa casinha branca no alto da colina, ficava encantado com tamanha beleza daquele lugar. Tudo era sutil, lembro-me da luz do sol atravessando firmemente a neblina que se formava ali nas manhãs úmidas. E lá ia eu, com chinelinhos nos pés gelados dançar vida, rodopiava com músicas compostas em minha cabeça. Transformação... eu preferia mil vezes não saber que aquela fumaça dançante era um processo físico de transformação. Vapor em água. Desde que compreendi aquele fenômeno transformativo, fui perdendo o encanto por ele. Tenho certeza de que a vida é mais bela quando somos inocentes. Naquela mesma colina, os detalhes eram o que mais enchiam meus olhos de alegria, foi lá que percebi, em um fino galho de um salgueiro chorão, um casulo pendurado. A cada momento passado, estava eu a observar o que acontecia com ele, e, no entardecer de um dia primaveril, uma borboleta grandiosa esticou suas asas com tons de azul. Era a mais bela que já havia existido em meu mundo particular, em meu infinito particular. Tentei entender como um inseto tão feio se transformou em algo tão belo. Percebi que tudo é passível de transformação. De lagarta para borboleta, com lindas asas azuis. Ela me acompanhou por toda vida. Aqui (APONTA PARA CABEÇA). E fico feliz de poder vê-la novamente nesta noite especial. Entrou voando por aquela porta e pousou aqui (APONTA PARA O CORAÇÃO). Será que veio por mim ou atraída pelo cheiro das flores? Espero que, quando o jantar acabar, ela fique voando para sempre sobre minha memória num bailar sem fim.

OLHA PARA O RELÓGIO E FICA AFLITO.

HOMEM: — O jantar... Faltam vinte minutos para a comida ser servida e nem me preparei ainda. Será um banquete regado a carne e flores; sim, flores. Flores comestíveis. Na verdade, eles comem de tudo, parecem uns porcos famintos. Quando disse que os convidados não eram nenhum pouco exigente, é porque realmente não são. Acho isso tão deselegante. Eles devastam tudo por onde passam, espero que vocês não se assustem quando eles entrarem aqui. Eu sempre digo que são inversamente proporcionais à transformação da borboleta. Ela transforma algo feio em belo, e eles transformam o belo em feio. Mortos de fome. Isso que eles são. Mortos de fomes e imundos. Vocês devem estar se perguntando, se ele não gosta dos convidados, então por que diabos os chamou? Aí é que está. Eu não chamei. Eles avisaram que estão vindo, e não tinha como eu dizer não, na verdade eu estou impossibilitado de negar algo a eles.

PEGA UM COPO E TOMA ALGO, REFLETINDO.

HOMEM: — Quando Lavoisier disse que tudo se transforma, eu fiquei pensando... Tudo? Tudo mesmo? Se for assim, esse café que tomei vai fazer parte de mim. Que louco isso, né? Pensem... Se uma borboleta morre próxima de um pé de amora, as bactérias vão decompô-la, as amoras vão utilizar os nutrientes da decomposição e, quando a gente comer as amoras, na verdade estaremos comendo a borboleta... E tudo do que ela se alimentou... E as coisas que o alimento dela utilizou como nutrientes... Tudo bem a gente ser feito de amoras e borboletas, mas imaginem que podemos ser feitos de estrume de vaca... Eca! Ou pior, dos vermes que estão presentes nas fezes dos cachorros... Pior ainda seria se fôssemos feito dos restos decompostos de Hitler, Leopoldo II ou dos ditadores horrendos. Parece não ser real, mas é. Em um processo de transformação em que ocorre a composição e decomposição de corpos, isso é possível, podemos ser feitos da melhor coisa que já existiu como também da mais terrível. Todos nós derivamos de outros seres mais antigos por transformações sucessivas. (OLHA PARA O RELÓGIO) Tenho que parar de falar e preciso agir. Transformar palavras em ação, pois faltam quinze minutos para adentrarem aqui, e tudo ainda está uma bagunça.

O HOMEM SE APRESSA EM ARRUMAR AS COISAS. POR VÁRIAS VEZES VAI ATÉ A BOCA DA CENA PARA FALAR COM PÚBLICO, MAS LEMBRA-SE QUE TEM QUE TERMINAR A ARRUMAÇÃO.

HOMEM: — Eu até tento, mas não consigo, é mais forte que eu. Preciso falar. Quatorze minutos, apenas isso. O tempo passa, e a gente nem vê. Voa depressa como a borboleta azul saindo do casulo lá na colina ao descobrir que estava livre. O tempo... ah o tempo! Dizem que ele é o senhor do destino, mas não sei. Penso que nós somos os senhores dos nossos destinos, o tempo só passa, nada mais. Mas uma coisa é certa, só existe transformação com o passar do tempo. Já pensaram que, daqui a cem anos, nada e ninguém se lembrem de você? Seremos reduzidos a pó, ou melhor, a átomos. Tudo nesse universo resume-se a átomos. As coisas surgem quando eles se ligam e deixam de existir quando essas ligações se rompem. Nós somos um amontoado de átomos atraídos e ligados uns aos outros que vibram incessantemente para nos dar essa forma física. Acredito que exista uma alma dentro dessa capsula chamada corpo, assim como a lagarta dentro do casulo. Será que nossa alma está presa dentro nós passando por um processo de transformação e, quando ela sair do nosso interior, será mais bela e evoluída? Talvez sim. E aí estaremos realmente livres. Dúvidas cruéis. Outra coisa também é certa. Quando morrermos, os átomos que compões nosso corpo irão romper suas ligações desfazendo-se na imensidão do plano terreno. Tudo se reduz a átomos.

O HOMEM PERCEBE QUE FALOU DEMASIADAMENTE E VOLTA À ARRUMAÇÃO.

HOMEM: — Viram como as coisas são? Prometi que não iria falar nada mais, não consegui. Quatro minutos que se foram, e agora só tenho dez para finalizar tudo. (PARA E ANALISA O PALCO). Bom, agora que está quase tudo em seu devido lugar, é horas de me transformar; preciso estar impecável, esconder o cansaço do rosto e colocar um traje digno desta noite. Em um jantar como esse, provavelmente outro homem qualquer escolheria um terno elegante, mas nessa vida sempre fui despojado, não seria agora que vestiria diferente. Só um momento.

TIRA A ROUPA QUE ESTÁ VESTINDO E COLOCA OUTRA COM ASPECTO MAIS FINO, PORÉM DESPOJADO.

HOMEM: — Roupa devidamente alinhada, agora um pouco de pó de arroz para esconder as olheiras.

SENTA-SE EM UMA CADEIRA COMO SE ESTIVESSE SE OLHANDO EM UM ESPELHO, COMEÇA A SE MAQUIAR ENQUANTO CANTAROLA UMA CANÇÃO. A MAQUIAGEM DEIXA O HOMEM TOTALMENTE PÁLIDO.

HOMEM: — Nossa que horrível, estou parecendo uma folha de papel envelhecida com o tempo, uma mariposa cinzenta e desbotada; não gosto das mariposas, elas me dão medo, gosto das borboletas, ainda mais se forem iguais a minha borboleta da colina. Como não tenho mais tempo, vai ficar assim mesmo. Tenho certeza que os convidados nem olharão para meu rosto, eles só pensam em comer, comer, comer... Parece que são insaciáveis. Estou pronto. Não como gostaria de estar, mas estou. Só mais uns detalhes e tudo ficará perfeito. Deem-me licença.

O HOMEM VOLTA A MEXER NAS FLORES, PEGA UM JASMIM BRANCO E CAMINHA LENTAMENTE PELO PALCO. PARA, PENSA E DIRIGE-SE AO PÚBLICO.

HOMEM: — Ontem à tarde, quando saí para comprar coisas para o jantar, passei em frente a uma floricultura repleta de flores magníficas. Como vocês perceberam, sou apaixonado por flores, então resolvi sentar--me em um banquinho antigo da praça que dá em frente à porta principal da floricultura para observar uma borboleta que pousava sobre as pétalas dos jasmins brancos. Ela era azul, esplêndida, assim como aquela da colina. Pensei por um momento ser a mesma, mas não, não era. As borboletas têm vida curta, passam a maior parte de suas vidas sendo uma lagarta, depois dentro de um casulo, e por fim, quando criam asas para voar, após um processo sofrido de transformação, elas vivem pouco, muito pouco. Que vida injusta! Vocês não acham? Mas o que me consola é saber que, por mais pouco que elas vivam, vivem intensamente e morrem de causas naturais. Gostaria de ser como elas, viver intensamente e sem preocupação nenhuma, só não quero morrer. Por falar em morrer, achei que ontem ia bater as botas. Lá no banquinho da praça, estava eu, quando olhei para o relógio e percebi que a hora já tardava e eu ainda ali a admirar as flores. Levantei repentinamente e senti uma dor terrível em meu peito, parecia que haviam enfiado uma faca no meu coração e girado com força tentando arrancá-lo de mim. A dor foi tão grande que caí de costa e bati a cabeça na quina do banco. Fiquei ali estirado no chão, tudo sumiu por um instante, até que abri os olhos e havia uma moça agachada próximo à minha cabeça. "Você está bem?" – disse ela. "Não muito bem, mas vou melhorar" — respondi. Respirei fundo, levantei-me com uma dor de cabeça tremenda, estabilizei e vim para cá. Não lembro muito bem como cheguei aqui, mas o que importa é que estou aqui. Resumindo a história, não fui ao mercado, tive que ir hoje, é por isso que estou atrasado com o jantar. (OLHA PARA O RELÓGIO) Meu Deus! Em cinco minutos eles chegarão. Nunca se atrasam. Deem-me licença, preciso urgentemente finalizar a arrumação. Sorte que o prato principal já está pronto e não precisa esquentar, eles comem frio mesmo.

TOCA UMA MÚSICA DANÇANTE, E O HOMEM SE APREÇA EM FINALIZAR A ARRUMAÇÃO DANÇANDO. AO FINALIZAR, ACENDE ALGUMAS VELAS E COLOCA-AS EM POSIÇÃO ESPECÍFICA NO FUNDO DA CENA. JOGA UM VÉU BRANCO SOBRE UMA DAS MESAS. TOMBA UMA DAS MESAS REVELANDO O FORMATO DE UM CAIXÃO, SOMENTE AS BORBAS, SEM FUNDO. COLOCA-O DE PÉ ENTRE AS VELAS. OUVE-SE O SOM DE UMA MARCHA FÚNEBRE. O HOMEM FICA NO MEIO DA SILHUETA DO CAIXÃO. APAGAM-SE AS LUZES, FICA APENAS UM FOCO NELE E AS LUZES DA VELA.

HOMEM: — Sim, é verdade que eu queria ser como a borboleta, para viver linda e intensamente, não morrer repentinamente como elas. Espero que eles façam bom proveito da minha carne fria e que os nutrientes decompostos do meu corpo possam fazer parte de uma linda borboleta azul; que ela seja eterna, assim como aquela borboleta da colina, que vive para sempre aqui (APONTA PARA O CORAÇÃO. ENCHE-SE O PALCO DE FUMAÇA). Partirei como elas, sem saber aonde chegar. É triste partir, mas tive a felicidade de partir olhando a borboleta azul sobre o jasmim branco. E assim como Brás Cubas, também dedico aos vermes que primeiro irão roer as frias carnes do meu cadáver estas memórias póstumas.

PROJETA-SE UMA BORBOLETA AZUL VOANDO PELO PALCO E QUE POUSA SOBRE O CORAÇÃO DO HOMEM.

HOMEM: — O jantar está servido.

BLACKOUT

CAI O PANO

LISTA DE PERSONAGENS

Homem

DISTRIBUIÇÃO DE PERSONAGENS

Ator 1 – Homem (o espetáculo pode ser montado com mais de um(a) ator/atriz)

FICHA TÉCNICA

Atriz 1: Leila Inês Follmann Freire
Ator 2: Renan Sota Guimarães
Atriz 1: Viviane Aparecida Oliveira da Silva
Operador de som: Carol Agostinho
Operador de luz: Jocemar Chagas
Figurino: Viviane Oliveira
Cenário: Renan Sota e Viviane Oliveira
Direção: Viviane Oliveira
Texto: Renan Sota

CAPÍTULO II

A CIÊNCIA DA RODA OU A RODA DA CIÊNCIA?

Francisco Souto de Sousa Júnior
José Americo Ferreira de Oliveira
Luiza Maria Lima Oliveira
Francisco Rogenildo da Silva

SINOPSE

O espetáculo recupera algumas memórias e traços que informam vínculos históricos estabelecidos entre a ciência no Brasil e a história da roda, tecendo considerações sobre as possibilidades atuais dessa relação com a radioteatro. Partindo de observações idealizadoras e memórias históricas Zeca Chapéu Grande, por meio da linguagem de cordel, com seu jeito peculiar, rimas e frases curtas, apresenta a história da roda, em um acontecimento acústico de comunicação, utilizando mensagens do locutor. Busca atingir o público em diversas situações, em conjunto ou individualmente, em locais determinados ou em movimento, respondendo solicitações do mundo moderno, industrial e tecnológico. Um enredo que, em expressão curtas, médias e de longas distâncias, ou em frequências moduladas, emite ondas sonoras destinadas a um outro aparelho, humano, receptor: o aparelho auditivo. Sintonizadas, em grupo ou isoladamente, essas ondas contarão e encantarão o público, apimentando o enredo com danças de rodas. A graça do espetáculo não é saber o que acontece. É saber como acontece. E aí... só vendo a peça.

INFORMAÇÕES SOBRE A PEÇA

Número mínimo de personagens: Dois.
Tempo: 40 min.
Espaço: Arena.
Narrador(a)? Sim.

Cenário: Objetos antigos e tecnológicos.

Sonoplastia: Sistema de áudio com qualidade.

Experimentos: Não há.

Iluminação: Simples.

Maquiagem: Simples.

Figurino: Simples.

ROTEIRO

LOCUTOR: — A rádio nacional de Mossoró, em comemoração aos 200 anos de ciência e tecnologia no Brasil, passa a interagir com a história da ciência da roda ou a roda da ciência? Fala aí meu amigo Zeca...

ZECA CHAPÉU GRANDE: — Hoje eu vou falar

De uma grande invenção

Levando conhecimento

E um pouco de atenção

Como foi criado a roda

E a sua formação

LOCUTOR: — Desde o século XVI, Zeca, aconteceram atividades relacionadas à ciência no Brasil, como viagens exploratórias, descrições sobre a natureza e sobre os povos indígenas, além de observações astronômicas. No entanto, tratava-se, em geral, de ações isoladas e sem maior preocupação com a geração sistemática de conhecimentos.

ZECA CHAPÉU GRANDE: — Ahhh, seu locutor, segundo algumas hipóteses

A roda foi inventada

Há cerca de seis mil anos,

Mas não foi um conto de fada

Foi no continente asiático

Sendo bem elaborada.

XXX

Foi lá Mesopotâmia

Onde tudo começou

alavancando o invento

o homem elaborou

um feito extraordinário

que ao mundo se espalhou.

LOCUTOR: — É isso aí, meu amigo, nesses 200 anos, a ciência brasileira se desenvolveu a avançou significativamente, ocupando hoje a 13ª posição em publicações científicas no mundo e alcançando impactos importantes para a sociedade local, tanto na economia (como na agricultura e na exploração mineral e do petróleo) quanto na melhoria da qualidade de vida da população (como na saúde pública, apesar da ausência de políticas continuadas e consistentes e de recursos adequados).

"O Brasil tem recursos naturais em abundância e uma população jovem com potencial grande para superar crises, e a ciência é um instrumento fundamental na construção de um projeto diverso."

ZECA CHAPÉU GRANDE: — Menino...

Na época não existia

Carro roda ou avião

O ser sofria demais

Pra fazer locomoção

Depois da roda criada

Foi uma revolução.

LOCUTOR: — Muitos atores e muitas instituições fizeram e fazem a ciência, Zeca, a tecnologia e a inovação no Brasil. Pessoas de todos os matizes, regiões, etnias e gêneros, classes sociais e áreas do conhecimento. Essas faces superaram inúmeras dificuldades, ausência de estímulo, falta de recursos, perseguições e restrições diversas ao longo do tempo. Historicamente, essa diversidade esteve, e ainda está, muito longe de ser equitativa. No entanto: "A ciência é, antes de tudo, uma construção coletiva, feita por pessoas, grupos de pesquisa e instituições. Os atores da ciência são um elemento essencial na construção do conhecimento científico".

ZECA CHAPÉU GRANDE: — E eu não sei, esse menino...

Esse foi um grande feito

Pra toda sociedade

Aumentou o movimento

Com melhor comodidade

Cada vez mais a potência

Sem a contrariedade.

XXX

Houve outras invenções,

Mas foi muito diferente

O homem puxava tábuas

De forma bem displicente

Depois da roda formada

Ficou bem mais consciente.

LOCUTOR: — Isso mesmo, Zeca. Por meio dos seus métodos e instrumentos, a ciência nos permite analisar o mundo ao redor e ver além do que os olhos podem enxergar. O empreendimento científico e tecnológico do ser humano, ao longo de sua história, é, sem dúvida alguma, o principal responsável por tudo que a humanidade construiu até aqui. Suas realizações estão presentes desde o domínio do fogo até às imensas potencialidades derivadas da moderna ciência da informação, passando pela domesticação dos animais, pelo surgimento da agricultura e indústria modernas e, é claro, pela espetacular melhora da qualidade de vida de toda humanidade no último século.

ZECA CHAPÉU GRANDE: — Muitas coisas grandiosas

Começaram ser exportadas

Com rodas e rolamentos

Foram aperfeiçoadas

E o progresso crescia

Depois da roda criada.

XXX

Para o destino humano

A roda é primordial

Logo que foi formada

Puxada por animal

Numa espécie de carroça

Não havia outra igual.

LOCUTOR: — Além da curiosidade humana, meu amigo Zeca, outro motor importantíssimo do avanço científico é a solução de problemas que afligem a humanidade. Viver mais tempo e com mais saúde, trabalhar menos e ter mais tempo disponível para o lazer, reduzir as distâncias que nos separam de outros seres humanos, por meio de mais canais de comunicação ou de melhores meios de transporte.

ZECA CHAPÉU GRANDE: — É muito incalculável

O significado sim

Os benefícios que a roda

Trouxe nunca vão ter fim

Se ela parar de girar

Tudo vai ficar ruim.

LOCUTOR: — Zeca, para você ter ideia, uma pessoa nascida no final do século XVIII, muito provavelmente morreria antes de completar 40 anos de idade. Alguém nascido hoje, num país desenvolvido, deverá viver mais de 80 anos, embora a desigualdade seja muita,

ZECA CHAPÉU GRANDE: — Esse menino...

Dizem que até os gregos

Louvavam essa invenção

E os romanos também

Viviam da irrigação

Levavam a água ao campo

A roda com rotação.

XXX

Pois o moinho hidráulico

Era bem horizontal

Movia bem lentamente

De forma bem natural

O vento movia a roda

De forma bem parcial.

LOCUTOR: — As conquistas da ciência são diárias, Zeca. Recentemente, o mundo viveu a maior crise sanitária, que afetou os quatros cantos do planeta, a pandemia da Covid-19. E, para conter o avanço do vírus, houve uma corrida científica na busca pela vacina por pesquisadores de diferentes nacionalidades, elaborada em tempo recorde.

ZECA CHAPÉU GRANDE: — E assim dá pra entender

Que a roda tem função

Serviu pra levar a água

Pra fazer irrigação

Contribuiu para valer

Até com a nossa vacinação.

LOCUTOR: — Mas a questão colocada é atual, meu amigo. Muitas pessoas, movidas por doutrinas extravagantes, insistem em questionar a importância da ciência, e não me refiro aos cidadãos mais simples. Esses, em sua grande maioria, sabem que precisam das tecnologias.

ZECA CHAPÉU GRANDE: — A roda está presente

na engenharia

no moinho de vento

Na rosca da padaria

Está na roda gigante

que a criança contagia.

XXX

Está no carro pequeno

Na boca de um cacimbão

Está perto do concreto

De um carrinho de mão

Grande e o seu valor

Até no grande avião.

LOCUTOR: — Considero a ciência e a tecnologia remédio para todos os males, cujo fomento seria fundamental, na superação do atraso tecnológico dos países.

ZECA CHAPÉU GRANDE: — Já disse um filósofo grego

Com toda dignidade

Que a roda mudou o mundo

Trouxe a possibilidade

Despertando todo ser

Com a naturalidade.

XXX

Eu concordo plenamente

Com todo esse vai e vem

Imagine a importância

E a carreira de um trem

Rola, rolamento e ferro

Todos juntos se mantêm.

LOCUTOR: — A relação entre ciência, tecnologia e sociedade é muito mais complexa do que a pergunta simplória sobre qual seria a utilidade prática da produção científica.

ZECA CHAPÉU GRANDE: — Existem diversas rodas

Com pouca ou muita agilidade

Roda de pequeno porte

De maior intensidade

Carro e motocicleta

Biz trem e mais novidade.

XXX

Se o mundo hoje tem rumo

Sempre com velocidade

É por que existe roda

De toda variedade

Roda grande e pequenas

E diversas novidades

LOCUTOR: — De que forma a ciência e as novas tecnologias afetam a qualidade de vida das pessoas e como fazer com que seus efeitos sejam os melhores possíveis? Você já pensou sobre isso, meu amigo Zeca? Quais são as condições sociais que limitam ou impulsionam a atividade científica? Como ampliar o acesso da população aos benefícios gerados pelo conhecimento científico e tecnológico? Em que medida o progresso científico e tecnológico contribui para mitigar ou aprofundar as desigualdades socioeconômicas?

ZECA CHAPÉU GRANDE: — E assim o mundo gira

Com roda na rodovia

O mundo em si e uma roda

Verdade não é magia

Todo planeta tem roda
A roda também nos cria.

XXX

Aqui eu vou terminando
Quero que todos conheçam
Um pouquinho de uma roda
E os meus versos obedeçam
E pode acreditar
Nunca mas irei tirar
Uma roda da cabeça.

XXX

E agora, locutor,
Bote aí
A música da roda (Roda moinho, Chico Buarque)

FICHA DAS PERSONAGENS

Personagem: Zeca Chapéu grande
Altura: 1,75m (175cm)
Tipo físico: Magro.
Características marcantes: Pele envelhecida, com marcas do sol.
Acessórios frequentes: Chapéu.
Estilo de roupa: Calça social, camisa social.
Aparência: Entusiasmado.
Jeito de andar: Tímido.
Estilo de fala: Pausada.
Ritmo de fala: Arrastado.
Sotaque forte: Nordestino.

CAPÍTULO III

BICHOS ARRETADOS E ONDE HABITAM

FANATICOS DA QUÍMICA

Miguel Martins dos Santos Neto
Maria Izabel de Oliveira Cardoso
Jessica Danielly Silva
Keurison Figueredo Magalhães
Kelânia Freire Martins Mesquita
Anne Gabriella Dias Santos

SINOPSE

Um grande perigo assola o Brasil e todos os seus biomas. O negacionista Grindeval, mais conhecido como Val, planeja destruir completamente o país. Para isso ele precisa "sugar todas as energias" dos bichos arretados e guardiões dos biomas brasileiros. Na tentativa de conter os avanços de Val, Mariana da Silva, acompanhada do seu Caramelo e da Tarta, entra numa perigosa aventura repleta de mistérios e ciência.

INFORMAÇÕES SOBRE A PEÇA

Número mínimo de personagens: Nove.

Tempo: 40 min.

Espaço: Palco (preferencialmente, teatro com saídas laterais para coxias).

Narrador(a)? Não.

Cenário: Árvores cenográficas, mesas, tecidos TNT nas cores verde e preta, animais de pelúcia, cartões com símbolos de elementos químicos.

Sonoplastia: Exige sistema de áudio com qualidade.

Experimentos: Sim.

Iluminação: Refletores.

Maquiagem: Reproduzindo características dos animais.

Figurino: Representando características dos animais.

ROTEIRO

CENA 1 – O PRELÚDIO DO DESASTRE

Obs.: Iniciar com som de pássaros (5 seg). Na entrada do Val, toca a música da batalha por 19 seg. A música da batalha vai tocar sempre que Val entrar. Depois dos 19 segundos, começa o fogo (tempo indeterminado) diminuindo a intensidade à medida que começa o diálogo entre Jumem e Val. Quando Val sai, a sonoplastia produz risada + trovão.

CENÁRIO: no palco, uma planta de cada bioma, impresso em cartão, com o cenário dividido em quatro partes com a luz focada no bioma da Caatinga.

SONOPLASTIA: sons de pássaros ao fundo. Com a chegada de Val, som de chamas queimando a vegetação.

EXPERIMENTO: Fogo que não queima.

A CENA COMEÇA COM A CHEGADA DE VAL NA CAATINGA COLOCANDO FOGO EM TUDO. APÓS INCENDIAR, VAL COMEÇA A ENFRAQUECER E CAI AO CHÃO.

Val: — Estou muito fraco, causar esses desastres ambientais acaba esgotando a minha força. Preciso de algum ser vivo forte (COM VOZ ENFRAQUECIDA).

ENTRAM JUMEM E TARTA.

Jumem: — Que lindo! Nossa, o céu está lindo! As árvores estão tão coloridas, veja que laranja lindo!

Tarta: — Por Flamel, por Flamel... elas estão entrando em combustão.

Jumem: — Botijão?

Tarta: — Não, combustão, é o processo de queima em presença de oxigênio. Precisamos nos salvar!

Jumem: — Mas veja, tem um ser caído no chão!

JUMEM SE APROXIMA DE VAL E OFERECE AJUDA. TARTA NÃO CONSEGUE CHEGAR E VÊ, DE LONGE, JUMEM SER ATACADO E APRISIONADO POR VAL, QUE ROUBA SUA ENERGIA. TARTA COLOCA LENTAMENTE AS MÃOS NA CABEÇA E SE DESESPERA. "CORRE" EM DIREÇÃO CONTRÁRIA, INDO ATÉ O MINISTÉRIO DA MAGIA DA CAATINGA.

Jumem: — Aaaaaah, o que você está fazendo?

Val: — (RISADA MALIGNA) Nossa eu nunca senti uma energia tão forte, sinto os elétrons correndo pelas minhas veias. Com esse poder, posso continuar destruindo ainda mais o Brasil.

Jumem: — Socorro!!!!!

Val: — Nossa, você é muito forte! Eu roubei toda a sua energia mecânica e você continua vivo!

Jumem: — E o que você vai fazer comigo agora?

Val: —Vou te aprisionar nessa Gaiola de Faraday e te usar como reserva de energia. (RISADA MALIGNA)

LUZES SE APAGAM E CORTA PARA O MINISTÉRIO DA MAGIA DA CAATINGA. A CENA INICIA NA ENTRADA DO MINISTÉRIO. A TARTA ENTRA DESESPERADA.

MÚSICA DE HOGWARTS

Tarta: — Socorro! Socorro! Socorro! Alguém pode me ajudar?

MARIANA SILVA (MARI) VAI AO ENCONTRO DA TARTA PLACI-DAMENTE, COM MUITO EQUILÍBRIO E TRANQUILIDADE, PEDINDO CALMA, ACOMPANHADA DO CARAMELO, QUE SE ADIANTA E VAI CHEIRAR TARTA.

Mari: — Calma, o que está acontecendo aqui?

Tarta: — Ajuda, eu preciso de ajuda! O Jumem... levaram o Jumem!

Mari: — Calma, respira! Tome uma água e se acalme. Agora me conte o que aconteceu e quem é Jumem?

Tarta: — É meu amigo jumento. Estávamos na floresta quando de repente o incêndio começou e a gente avistou um cidadão de bem pedindo socorro, o Jumem se adiantou e foi capturado por ele.

Mari: — Por Darwin, quem é ele?

Tarta: — Não sei, é alto, magro e bastante eletronegativo.

Mari: — Não pode ser, não pode ser. *Ele não, ele não.*

Tarta: — Quem é ele?

Mari: — Grindeval, mas todos o chamam de Val, o maior negacionista da história desse país. Ele é capaz de provocar os piores tipos de catástrofes ambientais e ainda pode ser mais perigoso quando consome a energia dos animais.

Tarta: — Então temos que salvar o Jumen. Mas como podemos saber para onde foram?

Mari: — Nisso eu posso ajudar.

O EXPERIMENTO É COLOCADO NO PALCO. ENQUANTO SE REALIZA O EXPERIMENTO SE ESTABELECE O DIÁLOGO A SEGUIR:

Mari: — Nos meus últimos estudos, tenho desenvolvido um experimento que nos ajuda a localizar e identificar qualquer coisa no universo.

TESTE DA CHAMA COM LÍTIO (COR: VERDE)

Tarta: — O que significa esse verde?

Mari: — Percebo que isso é a Amazônia!

Tarta: — Mas o que ele está fazendo na Amazônia?

COM INDICADOR ÁCIDO-BASE (COR: ROSA)

Mari: — Claro, estava na cara o tempo todo!

Mari e **Tarta**: — O boto!

Mari: — Caramelo, tá pronto para viajar?

LUZ PISCANDO, CORTA A CENA COM MARI, TARTA E CARA-MELO SAINDO DO MINISTÉRIO EM BUSCA DE JUMEN! MARI E CARAMELO SAEM ANDANDO NA FRENTE ACREDITANDO QUE A TARTARUGA OS ACOMPANHA, PORÉM ELA CAMINHA EM CÂMERA LENTA. MARI FAZ CARA DE ADMIRAÇÃO E IMPACIÊNCIA, MAS AGUARDA. AS LUZES SE APAGAM.

CENA 2 – O GRITO DO BOTO

BIOMA AMAZÔNIA

OBS.: ENTRADA DO VAL (5 SEG), BARULHO DE ÁGUA (5 SEG)

A CENA COMEÇA COM O BOTO NADANDO NOS RIOS DO AMAZONAS (TECIDOS DE TNT EM TONS DE VEDE) QUANDO ELE SE DEPARA COM A ÁGUA MUDANDO DE COR (TNT MARROM ESTENDIDO NO CHÃO) E SE TORNANDO INABITÁVEL PARA A SOBREVIVÊNCIA DA FAUNA DOS RIOS AMAZÔNICOS.

Boto: — Ué! Que danado é isso? De onde está vindo toda essa poluição? Hummm…. gosto de mercúrio, cheiro de enxofre…

BOTO COMEÇA A NADAR NA DIREÇÃO QUE ESTÁ VINDO A ÁGUA POLUÍDA E ENXERGA UMA FIGURA CAUSANDO A POLUIÇÃO.

Boto: — Quem é você? E o que está fazendo aqui?

Val: — Eu que pergunto quem é você? E o que eu estou fazendo aqui não é da sua conta, é melhor ir embora se não vai se arrepender.

BOTO SE APROXIMA DO VAL COM AR DE SEDUÇÃO, QUE SE DEIXA SEDUZIR, A PRINCÍPIO.

Boto: — Eu sou o boto-cor-de-rosa e guardião da floresta e rios da Amazônia. O senhor tem que parar com isso agora, está poluindo os rios e destruindo toda a fauna e flora.

Val: — Aah então quer dizer que você é o protetor desse bioma?

Boto: — Sim, eu que mantenho tudo em ordem e expulso os mineradores e os madeireiros.

Val: — Então é você que está atrapalhando os meus amigos, cidadãos de "bens"? Deveria ter ido embora quando te dei a chance. Agora vou absorver toda a sua energia cinética.

Boto: — Então vejamos!

SOB O SOM DA MÚSICA "AI MENINA", INICIA-SE A BATALHA ENTRE BOTO E VAL. VAL PEGA SEU POTE DE VENENO E COMEÇA A BATALHAR COM O BOTO.

EXPERIMENTO: MUDANÇA DE COR (ÁCIDO-BASE).

DURANTE A BATALHA, AMBOS TÊM QUE FICAR AMEAÇANDO UM AO OUTRO. NO FIM, VAL CONSEGUE DEIXAR TODAS AS SOLUÇÕES ESCURECIDAS DERROTANDO O BOTO, QUE CAI FRACO DENTRO DO RIO. VAL VAI ATÉ LÁ E RETIRA A PELÚCIA DO BOTO.

Val: — Hahahahha você realmente pensou que seria páreo para mim?

SAÍDA DE VAL (RISADA + TROVÃO). NA FRENTE DA CORTINA FECHADA, APARECEM TARTA, CARAMELO E MARI. MÚSICA DE HOGWARTS

Mari: — Aqui foi onde eu localizei o Val pela última vez!

Tarta: — Veja! O que é aquilo na beira do rio?

Mari: — É um boto? É uma pelúcia?

CARAMELO CORRE PARA PEGAR O BOTO DE PELÚCIA.

Mari: — É o boto de pelúcia.

Tarta: — Oh não, oh não, oh não! O Val sugou toda a energia cinética do guardião desse bioma e o transformou em pelúcia.

Mari: — Como você sabe disso tudo?

Tarta: — Você não percebe que o boto está inerte?

NESSA HORA NOSSOS HERÓIS SE APROXIMAM DA PELÚCIA, E TARTA LANÇA AS CARTAS DA TABELA PERIÓDICA. AS CARTAS SÃO COM HG/ PB/ AU.

Mari: — O que você está fazendo?

Tarta: — Estou tentando descobrir o que aconteceu.

NESSA HORA, MARI SE AFASTA, E TARTA FICA FALANDO COM A PELÚCIA. TARTA COMEÇA A TIRAR AS CARTAS, E A PELÚCIA RESPONDE COM APITINHOS.

Tarta: — Vou ditar as regras: para um "quim", vou entender como sim, dois "quim", entenderei como não. Escolha uma carta. Tem certeza que você quer essa? Se eu fosse você, pegaria a da esquerda. Ahhh você quer a do meio? Então tá bom! Deixe-me ver o que ela diz. Ai meu Mendeleiev, não acredito!

Mari: — O que, o quê?

Tarta: — Realmente foi o Val que causou tudo isso.

Mari: — Como ele fez isso?

Tarta: — Não sei. Essa carta só fala que foi o Val que fez isso.

Mari: — Então mande ele tirar outra.

Tarta: — Escolha mais uma. Essa não, a outra. Sabia que aquele Val é ruim, mas isso daqui já é demais. "Digai", num é ele que tá por trás do desmatamento e da mineração aqui na região amazônica!

Mari: — Já suspeitava, além de negacionista, ainda é devastador. Precisamos reativar o Ministério da Magia do Meio Ambiente...ele não vai parar por aí!

Tarta: — Para onde será que ele foi agora?

Mari: — Vamos ver...

TESTE DA CHAMA (COR: LARANJA)

Tarta: — O que significa esse laranja?

Mari: — É o Cerrado!

Tarta: — Mas o que ele está fazendo no Cerrado?

Mari: — O guardião! (ESPANTO)

SAÍDA DOS BICHOS

CENA 3 – ERA UMA VEZ R$ 200,00

BIOMA CERRADO

VAL ENTRA BORRIFANDO VENENO E CANTANDO.

Val: — Tá chovendo veneno, aleluia, hahahaah, tá chovendo veneno.

A LOBA ENTRA EM CENA SE GABANDO E JOGANDO NOTAS DE R$ 200,00 PARA O PÚBLICO. VAL, DE MÁSCARA NO NARIZ, BORRIFA VENENO (ACETONA) NA PLANTAÇÃO (FEITA DE ISOPOR).

Loba: — Ei, ei, o que é isso? Quem é você? O que você pensa que tá fazendo no meu pedaço? Aqui quem manda sou eu, aqui eu sou a rainha!

Val: — Um vira-latas do mato desse!

Loba: — O quê?! De todos os animais, sou eu que estou na nota mais valiosa do país!

Val: — Au auzinha, essa nota nem circula mais!

Loba: — Uai, e eu não tô sabendo desse trem não.

Val: — Ahhh...mas peraí, então você é a rainha do Cerrado? Era você mesmo que eu estava procurando.

Loba: — Você está envenenando o meu bioma! Você sabe quanto custa manter isso tudo aqui? É mais de R$ 200,00!

Val: — Eu // não // vou // parar // por aqui.

Loba: — E eu // não // vou // permitir!

Val: — Quero ver você me impedir, sua vira-latas do mato! Venha, que vença o pior! (GARGALHADA)

BATALHA COM A MÚSICA (PARÓDIA). VAL BORRIFA VENENO NA LOBA, DERRETENDO A NOTA DE R$200,00 (FEITA COM FOLHAS DE ISOPOR). A LOBA SE TRANSFORMA EM PELÚCIA, E VAL DESAPARECE NA FUMAÇA. APARECEM EM SEGUIDA MARI E CARAMELO.

MÚSICA DE HOGWARTS

Mari (OLHA PARA O CARAMELO): — Oxi... e a Tarta, cadê? Ficou para trás?

CARAMELO FAREJA A PELÚCIA E A LEVA PARA MARI.

Mari: — Chegamos tarde demais! Ele já sugou toda a energia química da Loba. Claro, é isso! Ele está indo atrás de todos os guardiões, *né*, Caramelo?

Caramelo: — Au!

Mari: — Vou fazer mais um experimento localizador.

TESTE DA CHAMA (COR: AMARELO)

Mari: — Ele foi atrás do Guardião do Pantanal!

MÚSICA DE SAÍDA DO BABADO

CENA 4 – PINTOU O CLIMA

Bioma Pantanal

A CENA COMEÇA COM A ONÇA ENTRANDO AO SOM DA MÚSICA DE ALCEU VALENÇA (VIDA DE GADO). VAL SURGE RESMUNGANDO E DESTRUINDO AS ÁRVORES COM A SERRA ELÉTRICA. DERRUBA UMA PRIMEIRA ÁRVORE COM A PINTURA DA ONÇA, DEIXANDO-A UM POUCO FRACA.

Onça: — Ei, quem é você? O que você está fazendo no meu habitat natural?

Val: — Nesse país tem de tudo, viu! Quem sou eu não, quem é você?

Onça: — Eu sou a onça pintada, famosíssima, conhecidíssima como as noites de Paris. Sou artista e a guardiã do bioma pantanal. E você quem é?

Val: — Pode me chamar de amigo da onça.

Onça: — Você vem aqui derrubar a minha arte e ainda quer destruir o meu bioma?

Val: — Eu vim atrás de terreno para o meu plantio.

A ONÇA VIRA RÁPIDO E O INTERROMPE.

Onça: — Pois, veja só: não tem espaço não, porque aqui é uma área de conservação ambiental, e esse bioma é muito importante para o equilíbrio ambiental do nosso país e do mundo.

Val: — Você fala, fala, e eu só escuto miau, miau, miau... Vai chorar até quando? Isso que você acabou de falar é só besteira, tá ok? Eu vou destruir tudo aqui, vou deixar a boiada passar.

Onça: — Aaah, mas só por cima das minhas pintas.

Val: — Com esse seu jeito de bichano, vai ser fácil.

SANGUE DO DIABO PARA DESTRUIR AS PINTURAS DA ONÇA. NÃO TEM TEMPO DEFINIDO.

ENQUANTO A ONÇA ESCREVE AS PALAVRAS "LUTE", "RESISTA", "NORDESTE", VAL DESTRÓI TODAS AS PINTURAS DELA, QUE CAII ENFRAQUECIDA NO CHÃO.

Val: — Hahahaha eu sabia que você não seria páreo para mim. Agora vou atrás dos últimos guardiões pra destruí-los e me tornar o mais poderoso do mundo.

Onça: — Você não pode fazer isso, você não tem poder suficiente.

Val: — É onde você se engana, aquele jumento me dá toda a energia mecânica que eu preciso.

Onça: — E onde ele tá?

Val: — No meu calabouço lá na Caatinga, mas chega de conversa mole. Agora é a hora do seu fim.

Onça: — Nãããããããããããããããããããããão.

MÚSICA DE SAÍDA DE VAL

NESSA HORA A ONÇA CAI NAS COXIAS, E VAL PUXA DE LÁ A PELÚCIA. CORTA PARA MARI, TARTA E CARAMELO ENTRANDO EM CENA.

MÚSICA DE HOGWARTS

Tarta: — Não pode ser! Eu sabia, eu sabia.

Mari: — Ele já passou por aqui e deixou um rastro de destruição.

Tarta: — E mais uma vítima das suas crueldades. Veja só ali!

CARAMELO BUSCA A PELÚCIA.

Mari: — Ela perdeu toda a sua energia luminosa.

Tarta: — Deixe-me ver!

TARTA PEGA A PELÚCIA NAS MÃOS E CONVERSA COM ELA. SONS DE "QUIM, QUIM..."

Tarta: — Não pode ser!

Mari: — O que aconteceu, tá ouvindo o quê? Não sou fluente em pelucês!

Tarta: — A Onça tá dizendo que o Val aprisionou o Jumem lá na caatinga e tá roubando toda a energia mecânica dele! E agora tá indo atrás da energia dos outros guardiões, no Pampa e na Mata Atlântica!

Mari: — Então vamos tentar impedir.

Tarta: — Eu acho que pode ser tarde demais.

Mari: — Mas temos que tentar, não podemos ficar com os braços cruzados.

Tarta: — Sim, não podemos! Tenho uma ideia que pode dar certo. Se a gente for agora resgatar o Jumem e tirar ele dessa influência do Val?

Mari: — Isso poderia enfraquecer o Val.

Tarta: — Então vamos! Não temos tempo a perder.

MÚSICA DE SAÍDA DE TARTA

CENA 5 – O CONFRONTO FINAL

MÚSICA DA TARTA — A MESMA DA SAÍDA, CONTINUANDO DA CENA 4.

MARI, CARAMELO E TARTA CHEGAM AO CALABOUÇO DE VAL E VEEM JUMEM ACORRENTADO E NO CABRESTO.

Tarta: — Ooh, Jumen, meu amigo Jumen, o que ele fez contigo?

Jumen: — Ionhon, inhon, inhon! (RELINCHADO DO JUMENTO)

Mari: — Rápido, vamos tirá-lo daqui!

ELES TIRAM JUMEN DAS CORRENTES E DO CABRESTO E O LEVAM PARA FORA DO CALABOUÇO.

Jumen: — Eu agora estou bem melhor. Muito obrigado meus amigos! (TODOS COMEMORAM)

Tarta: — Não é hora de comemorar. O Val pode aparecer a qualquer momento e vai estar mais forte que nunca. Olha o que ele fez com os guardiões dos biomas...

TARTA MOSTRA AS PELÚCIAS DOS ANIMAIS, E JUMEN FICA ESPANTADO.

Jumen: — Eu posso ajudar a restaurar a energia deles.

Tarta: — Não, Jumen, você não pode fazer isso, é muito arriscado.

Mari: — Ela tem razão, ainda mais que você está enfraquecido.

Jumen: — Existe uma lenda muito antiga que diz que um raro bicho arretado que tem o grande poder de enxergar a essência dos seres, a bondade ou a maldade, pode restaurar o poder daqueles que são puros e dignos de coração.

Tarta: — Quem é esse animal?

Jumem: — O melhor amigo do homem.

Mari e **Tarta**: — Caramelo, claro!

Caramelo: — Au!

CARAMELO PEGA AS PELÚCIAS NAS PATAS, E AS LUZES COMEÇAM A PISCAR TRANSFORMANDO-AS EM ANIMAIS NOVAMENTE. TODOS COMEMORAM, QUANDO DE REPENTE VAL APARECE.

Val: — Que balbúrdia é essa? Parece uma universidade pública!

Mari: — Acabou seu rastro de terror pelo país, resgatamos o Jumen e recuperamos a energia de todos os guardiões.

Val: — E quem vai me impedir de fazer isso novamente?

Mari: — Eu!

Val: — Ah, então você quer me calar?

Mari: — Te calar, te silenciar e te prender para que você não possa fazer mais nenhum mal em toda a sua vida. Agora eu te desafio a um combate.

MÚSICA (PRÉ-COMBATE) https://youtu.be/nhg2zxngfkm. COMBATE SEMELHANTE AO DO LUCÍFER COM O SANDMAN

Mari: — Eu sou um lobo-guará terrível, chateado por minhas notas terem saído de circulação.

Val: — Eu sou um caçador a cavalo, um caçador que mata lobos.

Mari: — Eu sou o Ibama e você não pode mais caçar AQUI.

Val: — Eu sou o Lucio Saques Malfoy e exonero todos os servidores competentes e troco por aliados bruxos que deixam a boiada passar.

Mari: — Aiii!!! (GRITO DE DOR). Eu sou a ministra da Magia que descobriu o tráfico de madeiras de varinhas na Amazônia em que Saques Malfoy estava envolvido.

Val: — Eu sou o presidente dos Ministérios do Brasil e exonero a ministra da Magia.

Mari: — Eu sou o profeta diário, a imprensa livre que denuncia todos esses esquemas de corrupção.

Val: — Eu sou o sigilo de várias gerações de bruxos para que nem eu, nem meus aliados sejam investigados.

Mari: — Eu sou as eleições, nas quais os bruxos brasileiros poderão te expulsar do palácio do amanhecer por meio do chapéu seletor.

Val: — Eu sou o orçamento magicamente secreto que fiz durante o meu governo para comprar o congresso dos bruxos. Hahahahahahahaha!

Mari (CAINDO ENFRAQUECIDA NO CHÃO): — Aaaaaaah não!!!

Val: — E agora, Mari! Quem é você?

MÚSICA "PREPARE O SEU CORAÇÃO". VAL CAI NO CHÃO E É ALGEMADO PELOS BICHOS. TODOS COMEMORAM.
MÚSICA "EU VENHO LÁ DO SERTÃO".

FICHA DAS PERSONAGENS

Val
Altura: 1,70m
Tipo físico: Magro.

Características marcantes: Frieza.

Acessórios frequentes: Capa longa preta.

Estilo de roupa: Preta.

Estilo de fala: Maldoso.

Ritmo de fala: Arrastado.

Sotaque forte: Não.

Jumem

Altura: Indiferente.

Tipo físico: Forte.

Características marcantes: Inocente.

Acessórios frequentes: Orelhas de jumento.

Estilo de roupa: Fantasia de jumento.

Estilo de fala: Jovial.

Ritmo de fala: Normal.

Sotaque forte: Nordestino.

Tarta

Altura: 1,60m (máximo).

Tipo físico: Indiferente.

Características marcantes: Exagero.

Acessórios frequentes: Bolsa.

Estilo de roupa: Fantasia de tartaruga.

Estilo de fala: Alto e estridente.

Ritmo de fala: Acelerado.

Sotaque forte: Nordestino.

Mari

Altura: Indiferente.

Tipo físico: Indiferente.

Características marcantes: Concentração.

Acessórios frequentes: Varinha.

Estilo de roupa: Jaleco.

Estilo de fala: Professoral.

Ritmo de fala: Pausado.

Sotaque forte: Nordestino.

Caramelo

Altura: Indiferente.

Tipo físico: Indiferente.

Características marcantes: Alegria.

Estilo de roupa: Fantasia de cachorro caramelo.

Estilo de fala: Alto.

Ritmo de fala: Rápido.

Sotaque forte: Não.

Boto

Altura: indiferente.

Tipo físico: Indiferente.

Características marcantes: Charme.

Acessórios frequentes: Chapéu panamá.

Estilo de roupa: Calça, camisa e suspensório.

Estilo de fala: Meloso.

Ritmo de fala: Lento.

Sotaque forte: Não.

Lobo

Altura: Indiferente.

Tipo físico: Indiferente.

Características marcantes: Arrogância.

Acessórios frequentes: Notas de reais.

Estilo de roupa: Fantasia de lobo-guará.

Estilo de fala: Desconfiado.

Ritmo de fala: Moderado.

Sotaque forte: Não.

Onça

Altura: Indiferente.

Tipo físico: Indiferente.

Características marcantes: Ousadia.

Acessórios frequentes: Pincel.

Estilo de roupa: fantasia de onça.

Estilo de fala: felina.

Ritmo de fala: lenta.

Sotaque forte: Não.

FICHA DE EXPERIMENTOS

Experimento 1 – O fogo que não queima

Materiais necessários:

Bacia com água potável

Fósforos ou isqueiro

Spray aerossol

Detergente

Procedimento para a preparação do experimento: Coloque detergente na água em uma bacia rasa. No momento da execução do procedimento, com o aerossol imerso na mistura de água com detergente, acione-o de forma a produzir bastante espuma (a). A personagem deve molhar as mãos e os braços com água potável e em seguida pegar uma porção da espuma (a). Outra personagem, ou alguém de apoio, deverá, com o isqueiro ou fósforos, botar fogo na espuma das mãos da personagem que, nos segundos seguintes, deve abrir as mãos para dispersar a espuma. O fogo apagará nesse momento.

Efeito lúdico observado, relevante para a peça: Uma chama se formará nas mãos da personagem que não sofrerá queimadura.

A química presente no experimento: A água hidratará e protegerá os braços e as mãos da personagem impedindo o aumento de temperatura produzido pelo fogo, evitando queimaduras, por um curto período.

Sugestão de adaptação do experimento: Não há.

Cuidados necessários: A chama deve permanecer por alguns segundos nas mãos. O experimento deve ser testado e executado por um adulto, nunca por uma criança. Evite o contato do fogo com roupas.

Experimento 2 – Teste da chama

Materiais necessários:

(Cena 1) Solução de sal de lítio (ex.: cloreto de lítio)

(Cena 2) Solução de sal de sódio (ex.: cloreto de sódio)

(Cena 3) Solução de cálcio (ex.: cloreto de cálcio)

Um recipiente plástico com acessório spray

Isqueiro

Procedimento para a preparação do experimento: Prepare uma solução de acordo com a cena. Coloque a solução no recipiente com acessório spray que deve ser pulverizado com cuidado no ambiente. Em seguida, o isqueiro deve ser acionado na nuvem pulverizada para produzir a coloração.

Efeito lúdico observado, relevante para a peça: Uma nuvem de cor verde, amarela ou laranja se formará.

A química presente no experimento: A cor observada na nuvem é característica do elemento presente na substância aquecida, resultante da energia absorvida pelo elétron que será excitado de um nível de energia ao seguinte e que, ao liberar essa energia absorvida, emite-a em forma de luz para retornar ao nível originário.

Sugestão de adaptação do experimento: Podem ser utilizados outros sais que produzam as mesmas cores.

Cuidados necessários: Observe o ambiente para que não haja correntes de ar ou proximidade com as pessoas a fim de evitar acidentes com o fogo ou com a nuvem da solução.

Experimento 3 – Sangue do diabo

Materiais necessários:

Solução de hidróxido de amônia

Fenolftaleína

Cartolinas

Recipiente plástico tipo spray ou pulverizador

Procedimento para a preparação do experimento: Coloque a solução de hidróxido de amônia em um recipiente plástico spray ou pulverizador. Faça desenhos degotas e líquido escorrendo da cartolina usando a fenolftaleína, de acordo com o descrito na cena 4. Durante a execução cena, pulverize as cartolinas com a solução de hidróxido de amônia.

Efeito lúdico observado, relevante para a peça: Um vermelho intenso nas cartolinas, no formato do desenho feito com a fenolftaleína, se formará.

A química presente no experimento: Quando se mistura o hidróxido de amônia com a água, não há mudança de cor. Já, com o contato da solução de hidróxido de amônia com a fenolftaleína (indicador), a solução muda de coloração (vermelho intenso).

CAPÍTULO IV

CORAÇÃO EM CHAGAS

GRUPO DE TEATRO CIENTÍFICO DA UNIVERSIDADE ESTADUAL DE PONTA GROSSA (GTC-UEPG)

Renan Sota Guimarães
Jocemar de Quadros Chagas

SINOPSE

*Coração em Chagas** apresenta, por meio de um olhar histórico, artístico, científico e humano, um cientista e suas descobertas. A peça traz à tona o contexto social e a vida cotidiana como fonte de conhecimento para cientistas que amam, acima de tudo, as pessoas.

INFORMAÇÕES SOBRE A PEÇA

Número mínimo de atores/atrizes: Oito.

Tempo: 60 min (40 min na versão reduzida**).

Espaço: Palco.

Narrador(a)? Sim, integrado às personagens.

Cenário: Simples (objetos que sirvam para se sentar, subir em cima e até segurar, como caixotes ou cadeiras/bancos). Ao fundo, em destaque, está pendurado um enorme coração construído com tecido e rendas.

Sonoplastia: Partes de uma música são executadas em cena. Em alguns momentos, uma sonoplastia mecânica é bem-vinda.

Experimentos: Não há.

Iluminação: Se o espaço de apresentação permitir.

Maquiagem: A gosto do grupo.

Figurino: A gosto do grupo.

OBSERVAÇÕES RELEVANTES

* Esse texto foi elaborado no âmbito do projeto de extensão "Grupo de Teatro Científico da UEPG (GTC-UEPG) 1ª Edição."

** No evento XV Ciência em Cena, ocorrido em Mossoró/RN, em 2022, devido à restrição de duração em no máximo 40 minutos, foi realizada uma apresentação reduzida, obtida com a simples retirada das cenas XIX a XXII. A versão reduzida do espetáculo se mantém com início, meio e fim, podendo vir a ser remontada apenas com as cenas remanescentes.

ROTEIRO

CENA 0 – ABERTURA

Participam desta cena: atores 1 e 2, atrizes 1, 2, 3, 4, 5 e 6. Todos entram em cena cantando e assumem suas respectivas posições: Atriz 3, Ator 2 e Atriz 5 vão à frente de cena, Atriz 4 fica ao fundo, centralizada, na parte alta da estrutura que compõe o cenário, e os demais se posicionam ao seu redor, em plano baixo.

Música "Yo vengo a ofrecer mi corazón" (Fito Páez)

¿Quién dijo que todo está perdido?
Yo vengo a ofrecer mi corazón
Tanta sangre que se llevó el río
Yo vengo a ofrecer mi corazón
No será tan fácil, ya sé que pasa
No será tan simple como pensaba
Cómo abrir el pecho y sacar el alma
Una cuchillada de amor

NARRADOR 1 (Atriz 3): — Bom dia! Sejam todos bem-vindos! Somos o Grupo de Teatro Científico da UEPG.

NARRADOR 2 (Ator 2): — Como um grupo de teatro, hoje apresentaremos a vocês uma peça de teatro. Uma característica dessa arte é sua efemeridade. O teatro acontece no momento presente e necessita da interação instantânea entre atores nós (TODOS) e público, vocês (TODOS).

NARRADOR 3 (Atriz 5): — Como um grupo de teatro científico, contaremos uma história sobre Ciência, mais especificamente, sobre o processo de descoberta, que envolve observação, formulação e verificação das hipóteses.

NARRADOR 1 (Atriz 3): — Mais especificamente ainda, vamos falar sobre a descoberta de uma nova doença.

NARRADOR 4 (Atriz 4) (APRESENTA AO PÚBLICO UM CORAÇÃO, QUE ELEVA À FRENTE COM SUA MÃO DIREITA): — Em um confim do mundo, uma nova doença é descoberta.

NARRADOR 5 (Atriz 1): — O causador da doença está na natureza desde tempos ancestrais e chegou ao ser humano graças à interação do próprio homem com o hospedeiro original.

NARRADOR 6 (Ator 1): — Essa doença é altamente debilitante. Aqueles que são infectados e têm o azar de desenvolver a forma grave da doença podem rapidamente ir a óbito. (O CORAÇÃO É SOLTO E SEGURADO PELOS NARRADORES 7 E 8. O NARRADOR 8 DEPOSITA-O DELICADAMENTE NO CHÃO ENQUANTO O NARRADOR 7 COMEÇA SUA FALA)

NARRADOR 7 (Atriz 2): — Quando comunicada, a população em geral não acreditou que se tratasse de uma doença real. Até mesmo parte da comunidade científica levantou dúvidas. Pra nossa sorte, graças à preparação de nossos cientistas, rapidamente todos os aspectos da doença foram entendidos.

NARRADOR 6 (Ator 1): — A cura completa ainda não existe, a prevenção é o melhor remédio. Infelizmente, durante todo o período, o governo mais atrapalhou do que ajudou na prevenção.

NARRADOR 4 (Atriz 4): — A doença já está quase controlada, mas ainda podemos sofrer surtos localizados, especialmente em nosso país, onde uma endemia é sempre um risco.

NARRADOR 1 (Atriz 3): — É sobre essa doença que vamos falar.

TODOS: — A doença de Chagas.

CENA I – ORIGENS

Participam desta cena: atores 1 e 2, atrizes 1, 2, 3, 4, 5 e 6. Durante as movimentações, a Atriz 6 busca fora de cena um violão, que entrega ao Ator 1. Ao fim da cena, a Atriz 6 está fora do palco, o Ator 1 está centralizado cantando, e os demais estão espalhados pela parte do fundo do palco conforme necessário à próxima cena.

NARRADOR 5 (Atriz 1): — Na fazenda Bom Retiro, Minas Gerais.

NARRADOR 6 (Ator 1): — O ano é 1879.

NARRADOR 1 (Atriz 3): — O dia é 9 de julho.

NARRADOR 5 (Atriz 1): — Um típico dia de interior.

TODOS: — Um típico dia de interior.

NARRADOR 2 (Ator 2): — E nesse típico dia de interior nasceu Carlos Chagas

TODOS: — Carlos Ribeiro Justiniano Chagas.

NARRADOR 6 (Ator 1): — Mas ele ficou conhecido como Carlos Chagas.

NARRADOR 7 (Atriz 2)/**NARRADOR 1** (Atriz 3): — É o que se diz atualmente.

NARRADOR 2 (Ator 2): — Sim, porque ele era filho de Mariana Cândida Ribeiro de Castro Chagas e José Justiniano das Chagas, logo... Carlos Chagas.

TODOS: — Carlos Ribeiro Justiniano Chagas.

NARRADOR 1 (Atriz 3): — José Justiniano faleceu quando Carlos tinha 5 anos.

NARRADOR 5 (Atriz 1): — Sua mãe era uma mulher forte e influenciou muito a formação do filho.

NARRADOR 4 (Atriz 4): — E é sobre essa personagem que vamos falar.

NARRADOR 7 (Atriz 2): — Mas vamos deixar que ela fale por si.

NARRADOR 4 (Atriz 4): — Ouro Preto, 1888.

NARRADOR 6 (Ator 1): — Quando eu vim pra esse mundo de meu pai / me acataram com festa e alegria. E sonhar o caminho da minha vida / uma história de amores e poesias. Eu cheguei, eu cresci e vim-me embora. Já sabendo que o dia em que eu nasci / foi um dia de muita cantoria. E por isso, compadre, eu tô aqui. Eita mundo bão!

TODOS: — Eita mundo bão.

CENA II – REFERÊNCIAS FAMILIARES

Participam desta cena: atores 1 e 2, atrizes 1, 2, 3, 4 e 5. Estão em destaque, ao fundo e em plano alto, Atriz 1, Atriz 5 e Atriz 4, nessa ordem, da esquerda para a direita. Os narradores interpretados pelas atrizes 2 e 3 ficam à frente nessa cena. Ao decorrer da cena, o Ator 1 visita os tios, representados pelas atrizes 1, 5 e 4. Da Atriz 1, recebe um livro, da Atriz 5 recebe outro livro, e da Atriz 4, um estetoscópio ao final, sob a atenção de todos que estão em cena.

NARRADOR 3 (Atriz 5): — Nas fazendas, Carlos acostumou-se ao trato de gente simples e humilde. Simplicidade e humildade foram os traços característicos de sua pessoa, e a glória não os modificaria.

NARRADOR 7 (Atriz 2): — É em Oliveira, entretanto, que entra em contato com a cultura. Ali, três de seus tios maternos absorve a atenção do menino quando ele começa a crescer. (Ao final dessa fala, a Atriz 2 retira o violão de cena, sem sair do palco.)

NARRADOR 1 (Atriz 3): — Tio Olegário, famoso por sua erudição, passa dias e noites em sua biblioteca, nem as algazarras das serenatas noturnas interrompem sua leitura.

NARRADOR 7 (Atriz 2): — Tio Cícero, também advogado, tem na sua conversa a lógica articulada que só uma inteligência refinada e uma erudição profunda podem dar.

NARRADOR 1 (Atriz 3): — Assim, mostram eles ao menino o caminho dos livros.

NARRADOR 7 (Atriz 2): — O terceiro tio...

NARRADOR 1 (Atriz 3) (INTERROMPENDO): — Deixa que eu conto... O terceiro era Tio Calito, médico formado na corte, exercia seu mister com grande garbo e êxito. Organizara uma casa de saúde em Oliveira, a primeira no estado a utilizar os métodos listerianos de assepsia.

NARRADOR 7 (Atriz 2): — A primeira?

NARRADOR 1 (Atriz 3): — Sim, a primeira.

NARRADOR 3 (Atriz 5): — Mas não existiam outros métodos de assepsia?

NARRADOR 1 (Atriz 3): — Se existiam, não eram tão comuns. Sua prestigiosa presença e seu comportamento de galantuomo pasmavam o jovem menino. (TIO CALITO, REPRESENTADO PELA ATRIZ 4, ENTREGA O ESTETOSCÓPIO AO JOVEM CARLOS)

CENA III – ESCOLARIZAÇÃO

Participam desta cena: atores 1 e 2, atrizes 1, 2, 3, 4 e 5. A Atriz 4 passa a interpretar um padre, na mesma posição da cena anterior. A Atriz 3 acompanha o Ator 1 até a parte esquerda do palco, onde estão todos os demais. A atriz 2 se junta ao grupo, e o Ator 1 se esconde atrás da estrutura, de onde sairá para sua primeira fala. A cena da perseguição ocorre em câmera lenta, e apenas o Ator 1 se desloca no espaço. Após ser pego, o jovem Carlos é atirado à frente da cena, onde se senta, em posição de destaque.

NARRADOR 7 (Atriz 2): — Chega, entretanto, o momento da escolarização. O menino é levado a Itu, em princípio de 1888.

NARRADOR 5 (Atriz 1): — A disciplina dos jesuítas não lhe sabe bem. Divergia demais com a liberdade traquina do menino da fazenda.

CARLOS CHAGAS JOVEM (Ator 1): — Ah, é verdade, eu me sentia deprimido e pouco disposto aos estudos.

NARRADOR 3 (Atriz 5): — Carlos sente saudades de sua mãe e, numa madrugada, foge do colégio.

NARRADOR 7 (Atriz 2): — O renomado Carlos Chagas fugiu do colégio?

CARLOS CHAGAS JOVEM (Ator 1): — Eu era apenas uma criança.

NARRADOR 3 (Atriz 5): — Mas poucos quilômetros depois, é capturado pelo padre que o perseguia em uma montaria.

CARLOS CHAGAS JOVEM (Ator 1): — Padre maldito!

TODOS: — Maldito padre!

NARRADOR 1 (Atriz 3): — No dia seguinte...

PADRE (Atriz 4): — Não aturamos atitudes como a sua na Companhia de Jesus. Sinto muito, mas você está expulso!

CARLOS CHAGAS JOVEM (Ator 1): — Expulso?

TODOS: — Expulso?

PADRE (Atriz 4): — Sim, expulso.

CARLOS CHAGAS JOVEM (Ator 1): — Padre bendito!

TODOS: — Bendito padre!

CENA IV – OURO PRETO

Participam desta cena: atores 1 e 2, atrizes 1, 2, 3, 4, 5 e 6. A Atriz 6 entra para fazer Mariana, a mãe de Carlos. Posiciona-se exatamente em frente a ele e sai decidida ao dar sua última fala, para retornar na despedida, ao final da cena. O termo "1985" é a deixa para a Atriz 4 sair à esquerda do palco, o Ator 1 sentar-se na cadeira em destaque à frente do palco, e os demais se posicionarem na parte esquerda funda do palco, onde simularão estar em uma festa quando Carlos começa seu pequeno monólogo. O amigo virá dessa festa para retirá-lo da cadeira se encontra. Quem estava na festa sai para a direita, gritando. A cena da despedida de Carlos jovem de sua mãe e a respectiva chegada ao Rio de Janeiro estão descritas ao final da cena.

NARRADOR 2 (Ator 2): — Carlos terminou os estudos colegiais em São João Del Rei, no Colégio de São Francisco.

NARRADOR 1 (Atriz 3): — Lá recebeu uma educação que integrava humanidades e ciências e que o fez sonhar. Bendito padre Sacramento!

NARRADOR 3 (Atriz 5): — Terminados os estudos, Carlos já estava inclinado a estudar medicina, mas Mariana, sua mãe, lhe deu apenas duas opções:

MARIANA (Atriz 6): — Estudar engenharia de minas.

CARLOS CHAGAS JOVEM (Ator 1): — Mãe...

MARIANA (Atriz 6): — Ou ficar na fazenda e ser agricultor.

NARRADOR 5 (Atriz 1): — Carlos aceitou ir a Ouro Preto, aonde chegou em 1894.

NARRADOR 1 (Atriz 3): — Ao chegar à cidade, adquiriu uma liberdade que até então nunca tinha tido. Mas deixemos que o hoje prestigiado médico e cientista Carlos Chagas nos apresente essa época, a partir de um ponto que muito o marcou: o final do curso, em 1895.

AO FUNDO DA CENA OCORRE UMA FESTA. CARLOS JOVEM, BÊBADO E DOENTE, ESTÁ À FRENTE DO PALCO, APOIADO EM UMA CADEIRA.

CARLOS CHAGAS JOVEM (Ator 1): — Boa noite! Ou seria bom dia? Enfim, já não sei mais definir. Só sei que fazem 120 (ou 125?) dias ou noites que estou desfrutando da minha liberdade em Ouro Preto, com a qual tanto sonhei enquanto estive nas mãos dos jesuítas em Itu. E o que eu ganhei com tal liberdade? Bem, agora parece que ganhei alguns sintomas: dores, fraqueza, um inchaço nos pés. É mais falar o que perdi: noites e noites e noites e noites de sono. O que realmente eu gostaria de ter agora são os cuidados meu Tio Calito. Que homem admirável, que dom para curar pessoas! Ora, quem sabe não seja esse o meu destino também? Nada de engenheiro.

Amigo vai até Carlos e o chama para voltar à festa.

AMIGO (Ator 2): — Carlos, Carlos! Mal te reconheço. Venha, vamos aproveitar a festa!

CARLOS CHAGAS JOVEM (Ator 1): — Tio Calito! O senhor veio!

AMIGO (Ator 2): — Que tio Calito o quê! Vem, vamos voltar pro baile.

CARLOS CHAGAS JOVEM (Ator 1): — Cidade de Oliveira, aqui vou eu!

TODOS: — Uhhhh!!! (TODOS QUE ESTAVAM NA FESTA SAEM À DIREITA, GRITANDO, INCLUINDO CARLOS JOVEM)

NARRADOR 5 (Atriz 1): — Na festa, não era o tio Calito, mas esse apareceu e foi importante.

APARECE O TIO CALITO (ATRIZ 4), ENTRANDO PELA ESQUERDA, ONDE FICA ESPERANDO CARLOS.

NARRADOR 1 (Atriz 3): — Depois de passar dois anos em Oliveira, finalmente Mariana Cândida permitiu que seu filho fosse para o Rio de Janeiro, sob a tutela do tio Calito.

DA DIREITA DA CENA, ENTRA MARIANA (ATRIZ 5) E FICA ESPERANDO CARLOS. CARLOS JOVEM (ATOR 1) ENTRA EM CENA

COM UMA MALA, VAI ATÉ O CENTRO DO PALCO, SOLTA A MALA, ACENA PARA SE DESPEDIR DA MÃE (QUE SAI DE CENA APÓS ISTO) E SE VOLTA PARA TIO CALITO, QUE O RECEBE APENAS APÓS O JOVEM LHE MOSTRAR QUE ESTÁ COM O ESTETOSCÓPIO. SAEM OS DOIS PARA A ESQUERDA. TODA A CENA OCORRE EM SILÊNCIO. FICAM APENAS OS NARRADORES 5 E 1 (ATRIZES 1 E 3) NAS EXTREMIDADES DO PALCO, PARA O INÍCIO DA PRÓXIMA CENA.

CENA V – FACULDADE DE MEDICINA

Participam desta cena: Ator 1, atrizes 1, 2, 3 e 4. A Atriz 4 apresenta o personagem Miguel Couto, que aparecerá mais tarde; o Narrador 5 acompanha Carlos até sua mesa de estudo, em destaque à frente na direita de cena. Os demais narradores se posicionam sobre a estrutura do cenário, no fundo à direita.

NARRADOR 1 (Atriz 3): — Em 1897, Carlos se matriculou na Faculdade de Medicina, onde foi orientado pelo médico Miguel Couto. A eficiência e a curiosidade desse médico eram fascinantes.

MIGUEL COUTO (Atriz 4): — Quando não consigo salvar um doente, prefiro eu mesmo fazer a necrópsia do defunto. Dessa forma, consigo observar a lesão anatômica e relacioná-la ao quadro clínico que vi no desafortunado paciente.

NARRADOR 5 (Atriz 1): — Carlos foi um estudante dedicado. Era conhecido como "estudante de duas velas". Toda noite, estudava pelo período exato em que duas velas levavam para queimar completamente.

CARLOS CHAGAS JOVEM (Ator 1): — Eu era estudante, não conseguia comprar três velas.

NARRADOR 7 (Atriz 2): — A velha Santa Casa de Misericórdia se tornou praticamente o lar de Carlos. Passava noites atendendo na enfermaria. Algumas vezes, pernoitava no hospital para não perder nenhum detalhe de seus pacientes.

CARLOS CHAGAS JOVEM (Ator 1): — Nessas noites, eu economizava duas velas.

NARRADOR 4 (Atriz 4): — Foi nesse hospital que Carlos estudou, na prática, as pragas que assolavam o país à época (junta-se aos demais narradores). Peste bubônica, febre amarela, malária.

NARRADOR 7 (Atriz 2): — Tuberculose, sífilis...

NARRADOR 1 (Atriz 3): — Lepra...

NARRADOR 5 (Atriz 1): — Disenterias diversas.

CARLOS CHAGAS JOVEM (Ator 1): — Doenças infecciosas. Acho que vou fazer um curso prático para o tratamento de malária.

NARRADOR 7 (Atriz 2): — Ao final do curso, seu professor, o médico Francisco Fajardo, enviou uma carta a Oswaldo Cruz, recomendando o estudante.

NARRADOR 4 (Atriz 4): — Oswaldo Cruz havia recém-inaugurado seu instituto. Foi lá que Carlos Chagas elaborou sua tese, apresentada à Faculdade de Medicina do Rio de Janeiro.

CARLOS CHAGAS JOVEM (Ator 1): — "Estudos hematológicos no impaludismo".

NARRADOR 4 (Atriz 4): — Malária.

CENA VI – ÍRIS

Participam desta cena: Ator 1, atrizes 1, 2, 3 e 4. No decorrer da cena, Carlos jovem faz uma consulta com alguns doentes, se posicionando em pé, na frente esquerda do palco e voltado para o público, enquanto os doentes ficam na estrutura do cenário, no fundo do palco à direita. Há uma quebra na cena, quando Miguel Couto convida Carlos jovem para ir a um sarau. As personagens Senador e Íris são interpretadas, respectivamente, pelas atrizes 2 e 3. Há uma mudança na personagem Íris, que de delicada se torna forte, enfrentando o pai e decidindo pelo casamento. É possível fazer uma cena muda, representando o início do romance, terminando com os dois de mãos dadas, voltados para o público, no centro do palco, e soltando as mãos quando se ouve "Carlos não sabia cobrar". Ao final da cena, o Ator 1 vai até a esquerda do palco, onde as atrizes 5 e 6 o estão esperando com o violão, que será usado para essas três pessoas executarem partes de uma música no intervalo de mudança das próximas cenas.

CARLOS CHAGAS JOVEM (Ator 1) (CAMINHA ATÉ A ESQUERDA FRENTE): Quando completei o curso de medicina, abri meu consultório, na rua da Assembleia, número 30, e passei a atender como clínico geral. Você! (DIRIGINDO-SE AO PÚBLICO, MAS FALANDO COM OS DOENTES)

DOENTE 4 (Atriz 1): — Disenterias diversas...

CARLOS CHAGAS JOVEM (Ator 1): — Você!

DOENTE 3 (Atriz 3): — Lepra...

CARLOS CHAGAS JOVEM (Ator 1): — Você!

DOENTE 2 (Atriz 2): — Tuberculose...

CARLOS CHAGAS JOVEM (Ator 1): — E o que mais?

DOENTE 2 (Atriz 2): — Sífilis.

CARLOS CHAGAS JOVEM (Ator 1): — Você!

DOENTE 1 (Atriz 4): — Febre amarela, malária...

CARLOS CHAGAS JOVEM (Ator 1) (PARA OS DOENTES): — Isso não é sintoma de malária. Isso é peste bubônica. (Para a frente) — Mas o dinheiro ainda era pouco. Precisei complementar a renda trabalhando em um hospital de Jurujuba, lá em Niterói.

NARRADOR 5 (Atriz 1): — Era necessário complementar a renda, pois, em 1904, houve um fato marcante na vida de Carlos. (A ATRIZ SE POSICIONA À DIREITA FRENTE COMO NARRADORA, E NO CENTRO É ORGANIZADA A CENA DO SARAU, EM QUE A ATRIZ 2 INTERPRETA O SENADOR, A ATRIZ 3 INTERPRETA A FILHA DO SENADOR, ÍRIS, E A ATRIZ 4, O MÉDICO MIGUEL COUTO) E o culpado foi seu amigo Miguel Couto.

MIGUEL COUTO (Atriz 4): — Ceda, Carlos! É necessário relaxarmos. Um sarau é diferente das festas que não gosta mais. Venha, venha comigo à casa de meu amigo e tio de minha esposa, o senador Lobo Leite Pereira.

CARLOS CHAGAS JOVEM (Ator 1): — Bem sabe que não gosto disso, Couto.

SENADOR (Atriz 2): — Sejam bem-vindos!

CARLOS CHAGAS JOVEM (Ator 1): — Só vim porque é meu supervisor. Saiba que trato isso quase como uma exigência acadêmica. (ÍRIS, QUE DESDE O INÍCIO DA CENA ESTAVA DE COSTAS, SOBRE A ESTRUTURA DO CENÁRIO, VOLTA-SE PARA O PÚBLICO, EM DESTAQUE.)

NARRADOR 5 (Atriz 1): — Neste sarau, aparece Íris Lobo (CARLOS JOVEM EMPURRA COUTO PARA FORA DE SEU CAMINHO ATÉ ÍRIS). Atraiu-o a serena formosura da jovem (CARLOS JOVEM EMPURRA TAMBÉM O SENADOR). Os olhos e cabelos negros, com um cravo branco destacando-se (CARLOS JOVEM AJOELHA-SE EM FRENTE A ÍRIS). Sua beleza com traços castelhanos inflamou a alma do jovem estudante.

CARLOS CHAGAS JOVEM (Ator 1): — Vê-la e amá-la foi um só momento.

SENADOR (Atriz 2): — Minha filha? Óbvio que não!

NARRADOR 5 (Atriz 1): — Íris era a filha do senador.

ÍRIS (Atriz 3): — Meu pai, óbvio que sim! (O SENADOR SE DÁ POR VENCIDO E SAI DE CENA, SEGUIDO POR MIGUEL COUTO. FICAM APENAS ÍRIS E CARLOS, ALÉM DO NARRADOR 5.)

NARRADOR 5 (Atriz 1): — Como a flor que lhe deu o nome, Íris deu a Carlos poesia por toda a sua existência. ... Fez-se um casal.

NARRADOR 4 (Atriz 4): — Em pouco tempo, tornaram-se escassos os recursos mensais do casal. O salário do hospital era pequeno, e a clínica instalada em casa nada rendia.

NARRADOR 5 (Atriz 1): — Carlos não sabia cobrar honorários médicos (CARLOS JOVEM SOLTA A MÃO DE ÍRIS, DÁ DOIS PASSOS PARA A ESQUERDA, SE VOLTA PARA ÍRIS, SE DESPEDE DE LONGE E VAI. ÍRIS SAI PELA DIREITA). E precisou aceitar trabalhos que o afastavam de Íris, que o levavam a outras cidades.

CENA VII – ITATINGA/O MOSQUITO

Participam desta cena: atores 1 e 2, e atrizes 1, 2, 3, 4, 5 e 6. À esquerda do palco, Ator 1 toca violão, enquanto as atrizes 5 e 6 cantam. Durante a cena, esses três permanecem no palco, imóveis. Na parte esquerda de trás do palco, está o Ator 2, interpretando Carlos, amparando um doente, interpretado pela Atriz 4.

¿Quién dijo que todo está perdido?

Yo vengo a ofrecer mi corazón

Tanta sangre que se llevó el rio

Yo vengo a ofrecer mi corazón

NARRADOR 3 (Atriz 5): — Um surto de malária estava atrapalhando a construção de uma usina hidrelétrica no litoral de São Paulo. Mais uma vez, Francisco Fajardo o recomendou, e Carlos aceitou ir. Lá, isolou e tratou os doentes. Fez mais que isso.

ENTRA EM CENA, PELA DIREITA, UM ENORME MOSQUITO, MANIPULADO PELA ATRIZ 2, QUE SE DESLOCA PELO PALCO EM DESTAQUE, ENQUANTO AS DEMAIS PESSOAS EM CENA FICAM ESTATIZADAS. AS FALAS REINICIAM QUANDO O MOSQUITO PICA O ROSTO DO DOENTE.

CARLOS CHAGAS (Ator 2) (SEGURANDO A MÃO DO DOENTE, ANTES QUE ESTE BATA NO MOSQUITO): — Não, não o mate! Vamos ver para onde voa (O MOSQUITO VOA E PARA NA PAREDE. CARLOS LEVANTA-SE E ACOMPANHA O CURTO E ERRÁTICO VOO). Ele não consegue voar muito, está pesado de tanto sangue que ingeriu. É isso. Os mosquitos infectados ficam dentro das casas. (CARLOS MATA O MOSQUITO COM UM TAPA. O MOSQUITO CAI AO CHÃO) As pessoas estão sendo infectadas dentro de suas próprias casas.

NARRADOR 3 (Atriz 5): — A teoria de infecção domiciliar da malária foi testada, considerando aspectos sociais sobre quem eram os trabalhadores e seu modo de vida.

NARRADOR 5 (Atriz 1): — A luta contra o mosquito foi no interior das residências. As casas dos doentes foram fumegadas e calafetadas para evitar a entrada de novos mosquitos. Em pouco tempo, o surto de Bertioga, em São Paulo, foi controlado.

CARLOS CHAGAS (Ator 2): — Quando retornei ao Rio, entrei no Instituto Oswaldo Cruz, onde trabalhei durante toda a vida, dedicando-me à parasitologia.

CENA VIII – PARA MINAS GERAIS

Participam desta cena: atores 1 e 2, e atrizes 1, 2, 3, 4, 5 e 6. Ator 1 e atrizes 5 e 6 são responsáveis pela música na troca de cena. As atrizes 1, 2, 3 e 4 fazem uma cena muda simulando a construção de uma estrada de ferro. O Ator 2 permanece o tempo todo à direita, na localização da mesa de estudo/trabalho, e a Atriz 5 realiza a narração da posição onde cantou. Ambos não se deslocam durante a cena. A movimentação é apenas dos trabalhadores da ferrovia.

No será tan fácil, ya sé que pasa

No será tan simple como pensaba

Como abrir el pecho y sacar el alma

Una cuchillada del amo

CARLOS CHAGAS (Ator 2): — Já como o melhor especialista em malária do país, passei a ser enviado por Oswaldo Cruz para regiões onde havia surtos da doença.

NARRADOR 3 (Atriz 5): — Naquela época, as ferrovias que ligavam a capital do país ao interior estavam sendo ampliadas (AS ATRIZES 1, 2, 3 E 4 FAZEM A SIMULAÇÃO DA CONSTRUÇÃO DE UMA ESTRADA DE FERRO, USANDO OS ELEMENTOS DO CENÁRIO. PARA ESSA SIMULAÇÃO, PODEM SER USADOS RECURSOS DE PALHAÇARIA). Uma das estradas de ferro deveria ligar o Rio de Janeiro a Belém do Pará.

CARLOS CHAGAS (Ator 2): — Mas antes de chegar a Pirapora e ao Rio São Francisco, em um pequeno vilarejo chamado Lassance, a obra parou. Praticamente todos os operários estavam doentes.

CENA IX – QUE DOENÇA É ESSA?

Participam desta cena: atores 1 e 2, e atrizes 1, 2, 3, 4, 5 e 6. Ator 1 e atrizes 5 e 6 são responsáveis pela música na troca de cena. Durante a cena, é recriada a consulta, com Carlos Chagas à esquerda frente, voltado para o público, e os doentes sobre a estrutura, na direita fundo. Durante o pequeno monólogo, retirado de um artigo do próprio Carlos Chagas, o coração de pano, pendurado ao fundo do cenário, bate. Ao final, os doentes saem, e a última fala é dada apenas com Carlos Chagas centralizado em cena.

Luna de los pobres siempre abierta

Yo vengo a ofrecer mi corazón

Como un documento inalterable

Yo vengo a ofrecer mi corazón

CARLOS CHAGAS (Ator 2): — Cheguei a Lassance em 1907 e comecei a atender os operários e a população local, visivelmente desnutrida e envelhecida. Você! (DIRIGINDO-SE AO PÚBLICO, MAS FALANDO COM OS DOENTES)

DOENTE 3 (Atriz 3) (COM OS DEMAIS DOENTES, ATRÁS): — Febre, calafrios, suor, tontura, dor nos músculos...

CARLOS CHAGAS (Ator 2): — Está com malária. Você!

DOENTE 5 (Atriz 5): — Diarreia e vômito...

CARLOS CHAGAS (Ator 2): — Deixe ver... pele e olhos amarelados, ritmo cardíaco acelerado... Também malária. Você!

DOENTE 2 (Atriz 2): — Dor no peito, doutor. Meu coração faz muito "praticum".

CARLOS CHAGAS (Ator 2) (O CORAÇÃO DE PANO, PENDU-RADO AO FUNDO DO CENÁRIO, BATE): — Observei as seguintes alterações de ritmo: taquicardias e bradicardias totais; perturbações da condutividade, causadas pela demora na condução do estímulo contrátil, pelo bloqueio parcial e pelo bloqueio total; contrações prematuras extracístoles auriculares, ventriculares e nodais; taquissistolia auricular; taquicardia auricular, ventricular e nodal; alternância; e arritmia completa. (ao paciente). Você tem uma cardiopatia avançada. Isso não é malária, e os sintomas também não são causados por sífilis... Você!

DOENTE 1 (Atriz 4): — Febre há mais de dez dias... não tenho mais força pra nada...

CARLOS CHAGAS (Ator 2) (PARA OS DOENTES): — E esse inchaço no rosto... Isso não é sintoma de malária. Mas de que será? (OS DOENTES SAEM, CHAGAS VAI PARA O MEIO DA ESTRUTURA). Além dos sintomas diferentes, relatos de mortes por falta de ar, dor no peito e também "nó nas tripas"... Esses sintomas não podem ser causados pelo plasmodium, o quadro geral é muito diferente. Nunca vi isso. Que doença é essa?

CENA X – BARBEIROS/A MORADA DO POVO

Participam desta cena: atores 1 e 2, e atrizes 1, 2, 3, 4, 5 e 6. Ator 1 e Atriz 6 são responsáveis pela música na troca de cena. Atrizes 1, 2, 3 e 5 se posicionam no centro, de costas, representando uma parede de uma residência. Ator 2 fica sentado à mesa de trabalho na direita frente. Atriz 4 entra apressada e brava, reclamando muito. Durante as falas do engenheiro Motta, as atrizes 1, 2, 3 e 5, que formam a parede, ainda de costas para o público, manipulam os barbeiros que estão infestando a parede. Ao final da cena, o engenheiro Motta sai de cena, Carlos Chagas está com um dos barbeiros na mão, ainda em sua mesa de trabalho, e duas atrizes saem da parede para as falas finais direcionadas ao público.

Y uniré las puntas de un mismo lazo

Y me iré tranquilo, me iré despacio

Y te daré todo y me darás algo

Algo que me alivie un poco más

NARRADOR 5 (Atriz 1): — Uns dizem que o que houve a seguir foi um golpe de sorte.

NARRADOR 3 (Atriz 5): — Outros dizem que foi fruto da curiosidade científica.

TODOS: — Possivelmente todos tenham razão.

ENGENHEIRO MOTTA (Atriz 4): — Não bastasse a malária e esses malditos mosquitos, ainda sofremos com esses barbeiros.

AS ATRIZES QUE FORMAM A PAREDE, AINDA DE COSTAS PARA O PÚBLICO, FAZEM APARECER NA PAREDE DOIS BARBEIROS, QUE SÃO PEQUENOS BONECOS ADAPTADOS A SUAS MÃOS.

CARLOS CHAGAS (Ator 2): — Barbeiros? Como assim?

ENGENHEIRO MOTTA (Atriz 4): — Estão por toda parte. Está tudo infestado.

TODAS AS ATRIZES QUE FORMAM A PAREDE, AINDA DE COSTAS PARA O PÚBLICO, MANIPULAM OS BARBEIROS QUE ESTÃO INFESTANDO A PAREDE.

CARLOS CHAGAS (Ator 2): — O que são... "barbeiros"?

ENGENHEIRO MOTTA (Atriz 4): — São esses pequenos insetos.... Espere um pouco (BUSCA UM BARBEIRO NA PAREDE). Aqui, aqui está um. Estão por todos os lados.

CARLOS CHAGAS (Ator 2): — Me dê isso aqui! (PEGA O INSETO). E fale mais sobre ele.

ENGENHEIRO MOTTA (Atriz 4): — São uma praga! (TODAS AS ATRIZES QUE INTERPRETAM A PAREDE VOLTAM SEUS ROSTOS PARA O PÚBLICO). Vêm à noite e picam as pessoas no rosto (CADA ATRIZ QUE INTERPRETA A PAREDE MANIPULA UM BARBEIRO PICANDO SEU PRÓPRIO ROSTO). Nem dormindo temos descanso.

NARRADOR 7 (Atriz 2): — O inseto era abundante nas frestas das paredes de pau-a-pique das casas. Um dos pilares epidemiológicos da domiciliação dos triatomíneos era a qualidade da habitação

NARRADOR 1 (Atriz 3): — A morada do homem deve ser entendida de maneira mais ampla, não se restringindo às quatro paredes de uma casa. Todo o ambiente em que se vive, incluindo ar, água, espaços e trabalho, resulta em saúde ou doença. Como consequência de uma situação econômica e cultural, a morada reflete a classe social.

CENA XI – O TRYPANOSSOMA/UM TELEGRAMA

Participam desta cena: atores 1 e 2 e atrizes 1, 2, 3, 4, 5 e 6. Ator 1 e atrizes 5 e 6 são responsáveis pela música na troca de cena. Atrizes 1, 3 e 4 se posicionam no centro, sentadas sobre a estrutura. Atriz 2 se posiciona atrás da estrutura, em plano alto, segurando o boneco do tripanossoma, que manipulará durante a cena. Ator 1 está no mesmo local onde terminou a cena anterior. O carteiro leva o telegrama até Carlos Chagas. Os demais não se movimentam pelo espaço.

Cuando no haya nadie cerca o lejos

Yo vengo a ofrecer mi corazón

Cuando los satélites no alcancen

Yo vengo a ofrecer mi corazón

NARRADOR 1 (Atriz 3): — Carlos recolheu uma certa quantidade dos insetos e os levou ao vagão onde estava morando. Ali, examinou-os cuidadosamente. Dissecou-os, parte por parte. Ao analisar no microscópio as paredes de seu tubo digestivo, encontrou um tripanossoma, levemente diferente de um outro que havia descrito anteriormente. DURANTE ESSA FALA, O ATOR 2 ESTÁ SENTADO À MESA NA DIREITA FRENTE, OLHANDO O BARBEIRO EM UM MICROSCÓPIO. AO MESMO TEMPO, A ATRIZ 1, POSICIONADA CENTRALIZADA ATRÁS DA ESTRUTURA DO CENÁRIO E EM PLANO ALTO, MANIPULA O TRIPANOSSOMA, UM BONECO DE UM METRO E MEIO, LEVANTANDO-O ACIMA DE SUA CABEÇA. AS MOVIMENTAÇÕES DO BONECO DEVEM SIMULAR OS MOVIMENTOS DE UM TRIPANOSSOMA COMO VISTO EM UM MICROSCÓPIO.

CARLOS CHAGAS (Ator 2): — Mas o outro era não patogênico... será que este é o culpado de tudo? (A ATRIZ 1 PARA DE MANIPULAR O

TRIPANOSSOMA. CARLOS CHAGAS COMEÇA A ESCREVER). "Prezado Oswaldo Cruz, junto a esta carta envio algumas amostras de insetos que aqui existem aos montes e que todos chamam de barbeiros. No tubo digestivo desses insetos, irás encontrar alguns tripanossomas, ainda não identificados. Preciso que execute um experimento."

NARRADOR 4 (Atriz 4) (EM UM APARTE, DESLOCANDO-SE ATÉ O CENTRO DO PALCO E DIRIGINDO-SE DIRETAMENTE AO PÚBLICO): — Neste momento, fazemos questão de informar ao distinto público que a cena que se segue passou-se em 1908, antes da regulamentação ética a respeito de pesquisas com animais. Queremos, ainda, deixar claro que, durante a elaboração desta peça de teatro, nenhum animal sofreu maus-tratos.

CARLOS CHAGAS (Ator 2): — "Preciso que execute um experimento. Isole os tripanossomas e infecte macacos saudáveis com eles. Se algum macaco apresentar algum sintoma, qualquer que seja, me avise com urgência. Atenciosamente, Carlos".

TODOS: — Carlos Ribeiro Justiniano Chagas.

CARLOS CHAGAS (Ator 2): — Não, muito comprido. Talvez seja melhor apenas Carlos Chagas! (AO PÚBLICO, LEVANTANDO-SE DA MESA DE TRABALHO) Eu podia ter feito o experimento em Lassance, mas os saguis selvagens da região poderiam já estar infectados com o tripanossoma, então eu nunca teria uma resposta à minha questão.

NARRADOR 7 (Atriz 2): — Alguns dias depois...

CARTEIRO (Atriz 1): — Telegrama! Telegrama! Telegrama para o dr. Carlos Chagas.

TODOS: — Macaco doente. Volte ao Rio!

NARRADOR 5 (Atriz 1): — Assim que chegou ao Rio, Chagas analisou o sangue dos macacos doentes.

NARRADOR 7 (Atriz 2): — Estava lá o mesmo tripanossoma que havia visto nos barbeiros.

NARRADOR 1 (Atriz 3): — Em homenagem a Oswaldo Cruz, seu amigo e chefe, Carlos batizou o novo tripanossoma de Trypanosoma cruzi.

CENA XII – BERENICE

Participam desta cena: atores 1 e 2 e atrizes 1, 2, 3, 4, 5 e 6. Ator 1 e Atriz 5 são responsáveis pela música na troca de cena. As atrizes 1, 2, 4 e 6 entram na fala "A próxima cena ocorreu em um típico dia do interior", posicionando-se todas à esquerda fundo, exceto a Atriz 6, que se posiciona sentada à direita fundo, segurando um objeto como se fosse um bebê. O Ator 2 se posiciona em pé na direita frente, voltado para o público, de onde fará uma consulta com a mãe de Berenice.

Y hablo de países y de esperanzas

Hablo por la vida, hablo por la nada

Hablo de cambiar esta, nuestra casa

De cambiarla, por cambiar nomás

NARRADOR 1 (Atriz 3): — Uma vez respondida a questão sobre ser o novo tripanossoma causador de moléstias a mamíferos, Chagas voltou a Lassance.

CARLOS CHAGAS (Ator 2): — Eu ainda precisava confirmar se os tripanossomas eram os causadores dos sintomas que vi naquelas pessoas.

NARRADOR 1 (Atriz 3): — Sem demora, Carlos examina no microscópio o sangue de pessoas doentes, mas a princípio nada encontra.

CARLOS CHAGAS (Ator 2): — Somente no sangue de cães e gatos. Entre os animais silvestres que consegui testar, encontrei o tripanossoma no sangue dos tatus. Em enorme quantidade. O tatu é um verdadeiro reservatório natural de tripanossomas. Não posso recomendar a ninguém comer carne de tatu.

NARRADOR 4 (Atriz 4) (ENTRANDO EM CENA): — A próxima cena ocorreu em um típico dia de interior.

TODOS: — Em um típico dia de interior.

TODOS, EXCETO ATOR 2 E ATRIZ 6, SE POSICIONAM À ESQUERDA FUNDO.

NARRADOR 7 (Atriz 2): — Em um típico dia de interior, uma mãe leva seu bebê doente.

MÃE DE BERENICE (**Atriz 6**): — Doutor, ajude, por favor! É minha filha. Não sei o que ela tem.

NARRADOR 5 (Atriz 1): — O nome do bebê era Berenice.

CARLOS CHAGAS (Ator 2): — Febre alta, face e corpo apresentando edemas duros... algum comprometimento do sistema nervoso...

CENA XIII – UMA NOVA DOENÇA

Participam desta cena: atores 1 e 2 e atrizes 1, 2, 3, 4, 5 e 6. Atrizes 5 e 6 cantam a música à capela. Ator 2 permanece em pé na direita frente, Atriz 6 permanece sentada na estrutura na direita fundos, segurando o objeto; atrizes 4, 2 e 3, Ator 1 e Atriz 1 se posicionam lado a lado, nessa ordem, na esquerda fundos, atrás do cenário, segurando um objeto igual ao que a Atriz 6 segura como se fosse um bebê. A cena é uma consulta que a mãe de Berenice faz com o médico Carlos Chagas, com diálogo entremeado por orientações sobre transmissão e cuidados com a doença de Chagas. Ao final da cena, a Atriz 3 deposita cuidadosamente seu objeto sobre a estrutura, como quem coloca um bebê em seu berço. Todos olham a cena.

¿Quién dijo que todo está perdido?

Yo vengo a ofrecer mi corazón

NARRADOR 1 (Atriz 3): — Por volta de fevereiro de 1909, Carlos encontra o protozoário no sangue de Berenice, comprovando assim que o Trypanosoma cruzi é capaz de infectar o ser humano. Estava comprovada a existência de uma nova doença, a Tripanossomíase americana.

NARRADOR 2 (Ator 2): — Em um feito único na história da medicina, uma única pessoa descobriu o parasita e seu ciclo de vida, o vetor de contaminação, o reservatório doméstico, a doença e suas manifestações clínicas.

MÃE DE BERENICE (Atriz 6): — Mas, doutor, como isso aconteceu com ela?

CARLOS CHAGAS (Ator 2): — Teve um culpado... o barbeiro.

NARRADOR 4 (Atriz 4): — O barbeiro, ao se alimentar do sangue do hospedeiro, elimina o parasita em suas fezes e urina.

NARRADOR 6 (Ator 1): — Os tripanossomas entram através das mucosas ou de ferimentos na pele, caem na corrente sanguínea e infectam células, como as do coração.

NARRADOR 7 (Atriz 2): — Com a ruptura da célula hospedeira os parasitas disseminam-se pelo sangue e são capazes de infectar novos tecidos e órgãos.

NARRADOR 5 (Atriz 1): — Caso o indivíduo infectado seja picado pelo barbeiro, os parasitas em seu sangue podem ser transmitidos ao inseto.

MÃE DE BERENICE (Atriz 6): — Tanto sofrimento em um bebê tão pequeno. Eu tinha como ter evitado isso?

CARLOS CHAGAS (Ator 2): — Dificilmente. Principalmente aqui. Diversos são os modos de transmissão...

NARRADOR 4 (Atriz 4): — No caso da doença de Chagas, a contaminação pode se dar ao coçar os dejetos de um triatomíneo infectado...

NARRADOR 6 (Ator 1): — Ao manipular ou ingerir alimento contaminado...

NARRADOR 7 (Atriz 2): — Na hora do aleitamento materno, ou até intrauterino...

NARRADOR 5 (Atriz 1): — Na transfusão sanguínea ou transplante de órgão...

NARRADOR 1 (Atriz 3): — Em uma transmissão acidental em laboratório, entre outros.

MÃE DE BERENICE (Atriz 6): — Ela vai ficar bem, doutor?

CARLOS CHAGAS (Ator 2): — Vou trabalhar para isso, mas agora é difícil dizer...

NARRADOR 4 (Atriz 4): — A doença apresenta uma fase aguda e uma fase crônica.

NARRADOR 6 (Ator 1): — Na fase aguda, a maioria dos casos não apresenta sintomas evidentes.

NARRADOR 7 (Atriz 2): — Na fase crônica, a maior parte dos infectados permanece sem sintomas.

NARRADOR 5 (Atriz 1): — Mas a doença pode se manifestar na forma cardíaca, digestiva, cardiodigestiva ou indeterminada.

NARRADOR 1 (Atriz 3): — A doença pode levar à morte, principalmente em razão dos sérios distúrbios cardíacos provocados pelo Trypanosoma cruzi.

NARRADOR 2 (Ator 2): — Neste caso específico, Berenice sobreviveu. (DEPOSITA CUIDADOSAMENTE SEU OBJETO SOBRE A ESTRUTURA, COMO QUEM COLOCA UM BEBÊ EM SEU BERÇO)

CENA XIV - RECONHECIMENTO

Participam desta cena: atores 1 e 2 e atrizes 1, 2, 3, 4 e 5. Ator 2 se posiciona em pé, centralizado sobre a estrutura do fundo. Atriz 4 se posiciona à direita frente, onde discursará. Os demais se sentam para ouvir o discurso da Atriz 4, e cada um, à sua vez, levantam para dar suas falas. Todos se dirigem aos fundos, onde encontram Carlos Chagas. O final da cena mostra o médico caminhando até a frente do palco, seguido pelos demais.

NARRADOR 6 (Ator 1): — Em 22 de abril de 1909, Oswaldo Cruz anunciou à Academia Nacional de Medicina a descoberta da nova doença.

OSWALDO CRUZ (Atriz 4): — "O descobrimento desta moléstia consistiu no mais belo exemplo do poder da lógica a serviço da ciência. Nunca até agora... se tinha feito um descobrimento tão complexo e brilhante e, ... mais, por um só pesquisador", Carlos Chagas.

NARRADOR 5 (Atriz 1): — A repercussão foi enorme, tanto no Brasil quanto no exterior.

NARRADOR 7 (Atriz 2): — A Academia Nacional de Medicina nomeou Carlos Chagas membro titular extraordinário.

NARRADOR 1 (Atriz 3): — A consagração internacional veio com o prêmio Schaudinn de 1912, na Alemanha, concedido a cada três anos ao melhor trabalho em zooprotologia e doenças tropicais.

NARRADOR 6 (Ator 1): — Carlos Chagas foi também nomeado membro de sociedades de medicina e recebeu diplomas de honra e comendas de mérito pelo mundo afora.

NARRADOR 3 (Atriz 5): — E uma série de títulos de Doutor Honoris Causa em universidades renomadas.

CENA XV - ANTIGAS FAKE NEWS

Participam desta cena: atores 1 e 2 e atrizes 1, 2, 3, 4, 5 e 6. Ator 2 se posiciona em pé, centralizado na frente do palco. Os demais sentam-se ao seu redor, onde permanecem durante toda a cena que é uma conversa, exceto a Atriz 4, que fará as intervenções de lugares distintos do palco segundo cada personagem.

NARRADOR 4 (Atriz 4): — E o Nobel?

NARRADOR 7 (Atriz 2): — Não podemos falar disso!

CARLOS CHAGAS (Ator 2): — Por que não?

NARRADOR 7 (Atriz 2): — Porque não temos certeza.

NARRADOR 1 (Atriz 3): — Ora, com tanto reconhecimento, é certo que Carlos Chagas deve ter ganhado o prêmio Nobel.

CARLOS CHAGAS (Ator 2): — Acontece que não ganhei.

NARRADOR 6 (Ator 1): — Foi em 1921 que Carlos Chagas não ganhou o prêmio Nobel de medicina. Nem ele, nem ninguém.

NARRADOR 1 (Atriz 3): — Que história é essa?

NARRADOR 7 (Atriz 2): — Foi assim: Carlos Chagas foi indicado duas vezes, em 1913 e 1921. Em 1913 estava tudo muito recente, e em 1921 também não deu.

NARRADOR 5 (Atriz 1): — Pode ter sido desse jeito, mas bem pode ter sido de outro. Dizem que estava tudo certo para Carlos Chagas ganhar o prêmio em 1921, mas não ganhou. Nem ele, nem ninguém.

NARRADOR 7 (Atriz 2): — Em 1921 o prêmio Nobel de medicina não foi entregue. "Os motivos pelos quais o prêmio foi negado quando as indicações foram feitas permanece um mistério".

CARLOS CHAGAS (Ator 2): — Os jurados eram, em sua maioria, europeus e norte-americanos, e não houve muito interesse por lá, na época, pela descoberta de uma doença que estava restrita apenas à América Latina. Foi só isso.

NARRADOR 6 (Ator 1): — Mas alguns historiadores dizem que inimigos científicos e políticos, aqui mesmo do Brasil, sabotaram a candidatura.

NARRADOR 3 (Atriz 5): — Fato é que a Academia Nacional de Medicina foi palco de controvérsia envolvendo a doença. Entre 1922 e 1923, alguns médicos contestaram a autoria da descoberta do Trypanosoma cruzi.

FIGUEIREDO DE VASCONCELOS (Atriz 4): — "A identificação da infecção experimental foi feita por Oswaldo, e não por Carlos. Ora, devemos então chamar a Tripanossomíase americana por doença de Cruz, e não doença de Chagas".

NARRADOR 1 (Atriz 3): — Esses médicos chegaram a afirmar que era uma "doença inventada".

FIGUEIREDO DE VASCONCELOS (Atriz 4): — Não há provas concretas da existência dessa doença.

NARRADOR 1 (Atriz 3): — Após examinar a questão, a Academia reconheceu Carlos Chagas como descobridor da doença, que existe de verdade.

CENA XVI – A VIDA PÚBLICA

Participam desta cena: atores 1 e 2 e atrizes 1, 2, 3, 4, 5 e 6. Atriz 4 permanece na boca de cena, enquanto todos os demais sentam-se na estrutura, centralizados, ao fundo.

NARRADOR 7 (Atriz 2): — Está bom. Chega desse assunto! Voltemos alguns anos, e vamos falar de outra coisa.

NARRADOR 4 (Atriz 4): — Proponho falarmos da pandemia.

NARRADOR 1 (Atriz 3): — Pandemia? Pra quê?

NARRADOR 7 (Atriz 2): — Que tal falar das experiências de Carlos como gestor?

NARRADOR 1 (Atriz 3): — Ótima ideia! Um bom cientista também precisa ser um bom gestor.

NARRADOR 4 (Atriz 4): — Gostei. Falando de suas gestões, podemos falar da pandemia.

NARRADOR 7 (Atriz 2): — Eu começo. Em 1917, com a morte de Oswaldo Cruz, Carlos Chagas foi nomeado diretor do Instituto em Manguinhos, na cidade do Rio de Janeiro.

NARRADOR 4 (Atriz 4): — Já em 1918, o Rio de Janeiro foi tomado pela gravíssima pandemia de gripe espanhola. (TODOS FAZEM AHHHH). Virou quase uma cidade-fantasma; "as ruas abandonadas, as casas fechadas, o comércio parado, os veículos imóveis". "Não havia sequer condições para enterrar os mortos." O próprio presidente, Venceslau Braz, chamou Carlos para lutar contra o flagelo.

NARRADOR 5 (Atriz 1): — Mas com recursos limitados.

NARRADOR 4 (Atriz 4): — Mesmo assim, hospitais e postos de atendimentos foram abertos, médicos foram mobilizados, e a duras penas a pandemia foi combatida.

NARRADOR 5 (Atriz 1): — Me pergunto se, àquela época, o povo colaborou.

CENA XVII – PROFESSOR

Participam desta cena: atores 1 e 2 e atrizes 1, 2, 3, 4, 5 e 6. Ator 2 fica em pé sobre a estrutura, enquanto todos os demais vão sentando-se à sua frente, no chão, para assistir à aula, resumida na última fala da cena.

NARRADOR 3 (Atriz 5): — Carlos também foi professor, sabiam? Na Faculdade de Medicina do Rio de Janeiro.

NARRADOR 7 (Atriz 2): — Sim. Até criaram para ele a disciplina "medicina tropical".

NARRADOR 1 (Atriz 3): — A sua erudição, capacidade expositiva e eloquência didática cativaram alunos e até docentes titulares.

NARRADOR 5 (Atriz 1): — Suas expressões precisas e claras eram acompanhadas de apresentação de doentes, peças anatômicas, desenhos, projeções, enfim, todos os recursos visuais possíveis.

NARRADOR 4 (Atriz 4): — Durante os inflexíveis 60 minutos, todos se continham no maior silêncio e em plena admiração.

CARLOS CHAGAS (Ator 2): — E, assim, creio que "Não vai demorar que passemos adiante uma grande e bela ciência, que faz arte em defesa da vida." (Carlos Chagas, 1928)

CENA XVIII – MORTE

Participam desta cena: atores 1 e 2 e atrizes 1, 2, 3, 4, 5 e 6. Atrizes 2 e 6 vão até as pontas do palco onde dão suas falas, todos os demais formam uma parede para esconder o Ator 2. Ao final, todos se reposicionam, permitindo a visão do velório de Carlos Chagas. Breve silêncio ao final.

NARRADOR 8 (Atriz 6): — Em julho de 1934, a morte de Miguel Couto abalou Carlos profundamente.

NARRADOR 5 (Atriz 1): — Alguns meses depois, no dia 8 de novembro de 1934, Carlos morreu subitamente em sua própria casa, vítima de um ataque cardíaco fulminante.

NARRADOR 8 (**Atriz 6**): — Durante toda a noite, sua casa manteve-se cheia de amigos, conhecidos e estranhos. Todos desejavam ver o corpo de quem, numa vida que se alongara por apenas 56 anos, tanto fez pela ciência, sem nunca abandonar seus deveres e suas obrigações.

CENA XIX – A EVOLUÇÃO DO CONTROLE DA DOENÇA

Participam desta cena: atores 1 e 2 e atrizes 1, 2, 3, 4, 5 e 6. Atriz 1 muda totalmente o ritmo da cena. Os demais se levantam e se reposicionam. Atrizes 3 e 5 e Ator 2 vão para a frente do palco, onde darão suas falas enquanto os demais reorganizam o cenário para a próxima cena.

NARRADOR 5 (Atriz 1): — Ao apreciarmos esta cena triste, mudamos nosso foco.

NARRADOR 1 (Atriz 3): — Deixamos agora de falar da descoberta da doença de Chagas e passamos a olhar para seu controle.

NARRADOR 3 (Atriz 5): — Ao longo do tempo, a vigilância epidemiológica passou por altos e baixos.

NARRADOR 2 (Ator 2): — Em 1940, uma paciente, com inchaço em um dos olhos, levou os pesquisadores até a cidade de Bambuí, em Minas Gerais.

NARRADOR 1 (Atriz 3): — Lá, metade da população da periferia estava infectada. Mais de 10 mil casos crônicos. De uma vez só, 368 casos agudos. Até então apenas 29 casos agudos haviam sido identificados.

NARRADOR 3 (Atriz 5): — O barbeiro chegou a Bambuí com a estrada de ferro e a migração, ali encontrou condições ideais. As casas eram miseráveis, de taipa ou madeira. Acredita-se que os barbeiros chegaram a infestar 80% das casas. experiências foram realizadas. Tratamentos, testes de inseticidas, algumas estratégias foram acertadas, como a melhoria nas habitações. Outras foram questionáveis, como simplesmente queimar as moradias infectadas.

NARRADOR 2 (Ator 2): — De lá pra cá, foram realizadas campanhas contra a doença, no Brasil, no Chile, no Uruguai, na Venezuela, na Costa Rica e na Argentina.

NARRADOR 1 (Atriz 3): — "A propaganda sanitária escolar, sobretudo rural, é a primeira a pôr em prática." É "o único meio pelo qual se pode desenvolver uma ação imediata e ampla". "O controle dos vetores precisa ser feito continuamente, pois diferentes espécies de barbeiros podem voltar a colonizar o intradomicílio."

NARRADOR 3 (Atriz 5): — Nos anos 1980, passou a se realizar triagem para a doença de Chagas em doações de sangue. O controle da

XV CIÊNCIA EM CENA: O TEATRO COMO INSTRUMENTO DE DIVULGAÇÃO E POPULARIZAÇÃO DA CIÊNCIA

transmissão sanguínea teve um impacto enorme na redução de casos, principalmente em áreas urbanas.

NARRADOR 2 (Ator 2): — Em 2006, a Organização Pan-Americana da Saúde certificou o Brasil pela interrupção da transmissão da doença de Chagas no território nacional, embora nem todos os estados tivessem atingido 100% de interrupção. Essa certificação foi festejada, mas com ressalvas. Ela poderia induzir à falsa impressão de que não há mais necessidade de controle, reduzido investimentos e vigilância.

NARRADOR 1 (Atriz 3): — Isso é preocupante, pois até hoje não existe tratamento eficaz para a doença de Chagas ou vacina para sua prevenção.

CENA XX - A DOENÇA DE CHAGAS, ATUALMENTE

Participam desta cena: atores 1 e 2 e atrizes 1, 2, 3, 4, 5 e 6. Atriz 3 inicia em destaque na frente do palco. Os demais se encontram ao seu redor, cada um em uma posição específica (com a qual vão todos rodar no sentido anti-horário, deixando o próximo a falar sempre na posição de destaque no centro frente). Essa rotação se repete até a fala da Atriz 5, quando esta vai para a direita frente do palco, e todos vão para o fundo.

NARRADOR 1 (Atriz 3): — Você pode estar incomodado, se perguntando "pra quê falar de uma doença que não me afeta?"

NARRADOR 5 (Atriz 1): — Quantas pessoas sua família perdeu por problemas cardíacos? A mais frequente causa de morte por doença de Chagas é a cardiomiopatia chagásica.

NARRADOR 8 (Atriz 6): — "Mas pra quê falar de uma doença do passado"?

NARRADOR 6 (Ator 1): — Não é uma doença do passado. Atualmente a doença de Chagas atinge cerca de 12 milhões de pessoas em regiões pobres de 21 países da América Latina. Pelas migrações, a doença de Chagas está hoje presente em outros países, incluindo alguns da Europa.

NARRADOR 7 (Atriz 2): — Só no Brasil, estima-se entre 2 e 3 milhões de infectados. Hoje, agora. A maior parte, infectados há bastante tempo. Uma vez paciente chagásico, sempre paciente chagásico. A doença, em sua fase crônica avançada, não tem cura.

NARRADOR 4 (Atriz 4): — Muitas doenças são negligenciadas por inúmeras razões, principalmente se elas acometem as populações mais pobres de países economicamente pobres. Doenças tropicais, como zika, dengue, Chagas, Chikungunya e malária, são doenças negligenciadas.

NARRADOR 2 (Ator 2): — Um dos principais obstáculos é a falta de financiamento e de interesse de laboratórios farmacêuticos.

NARRADOR 7 (Atriz 2): — Para desenvolver um medicamento, ou uma vacina, há dois grandes obstáculos. "O primeiro é científico, imposto pela biologia da doença ou patógenos, do qual não temos controle, mas que pode ser vencido. O segundo, vergonhoso, é a falta de investimento."

NARRADOR 3 (Atriz 5): — Até o momento, contra a doença de Chagas, nenhuma vacina foi testada em humanos.

CENA XXI – NESTE MOMENTO

Participam desta cena: atores 1 e 2 e atrizes 1, 2, 3, 4, 5 e 6. Todos se acomodam em algum lugar, uns sentados, outros em pé. Ninguém se movimenta durante a cena, apenas dão as falas. A única movimentação é do Ator 1, que caminha até o centro da frente do palco durante sua fala.

NARRADOR 2 (Ator 2): — A maior parte dos infectados convive com o Trypanosoma cruzi em seu organismo há muitos anos e é provável que alguns estejam desenvolvendo a forma crônica da doença hoje.

NARRADOR 1 (Atriz 3): — Neste momento, um feto pode estar recebendo transmissão congênita de sua mãe chagásica. Pode ser, não sabemos.

NARRADOR 7 (Atriz 2): — Não sabemos a real prevalência de casos congênitos, pois não há controle sistematizado no Brasil. Já se pensou em inserir a doença de Chagas no teste do pezinho, mas até este momento, isso não foi implementado.

NARRADOR 8 (**Atriz 6**): — Neste momento, pode haver um paciente com o coração aumentado e descompassado sendo tratado algum hospital de nossa cidade.

NARRADOR 3 (Atriz 5): — Neste momento, alguém pode estar sendo infectado ao ingerir alimento contaminado.

NARRADOR 6 (Ator 1): — É impossível eliminar a doença de Chagas. Há uma diversidade de hospedeiros animais e vários mecanismos de transmissão, mas uma das melhores formas de evitar a doença em humanos é a preservação da fauna e da flora silvestre, onde o parasita pode circular naturalmente, sem causar a doença.

CENA XXII – DOENÇA DE CHAGAS EM PONTA GROSSA

Participam desta cena: atores 1 e 2 e atrizes 1, 2, 3, 4, 5 e 6. Atriz 2 altera totalmente o ritmo da cena com sua fala. Ao chamar "venham", todos se deslocam para o centro. O Ator 2 se posiciona em pé, centralizado na frente do palco; os demais sentam-se ao seu redor, exatamente como na Cena XV, exceto a Atriz 4, que se senta na direita frente do palco, de onde fará suas intervenções, olhando para o público.

NARRADOR 7 (Atriz 2): — Preservação da fauna e da flora como forma de evitar a doença em humanos. Que ideia formidável! Venham! Vamos nos inspirar e juntos olhar para o agora! Para o agora e para a frente. Vocês já pensaram que hoje, neste momento, pode haver em nossa cidade pesquisadores estudando a doença de Chagas?

NARRADOR 4 (Atriz 4): — Na verdade, há.

NARRADOR 5 (Atriz 1): — Já pensaram que, neste momento, o Trypanosoma cruzi pode estar circulando em nossa cidade?

NARRADOR 4 (Atriz 4): — Na verdade, o parasita foi encontrado aqui há alguns meses.

NARRADOR 7 (Atriz 2): — E que, neste momento, pode ter em nossa cidade pesquisadores, mulheres pesquisadoras e estudantes pesquisadoras, contribuindo para o entendimento desta doença e juntando esforços na busca de soluções?

NARRADOR 4 (Atriz 4): — Na verdade, tem. Foram elas que identificaram a nova cepa em um barbeiro que vive, preferencialmente, em área silvestre.

NARRADOR 6 (Ator 1): — E que, neste momento, pode ter em nossa cidade pesquisadores que colaboram com muitos outros pesquisadores, aqui e em outros lugares do mundo, na busca de novas alternativas para o tratamento da doença de Chagas?

NARRADOR 4 (Atriz 4): — Na verdade, há. Pesquisadores buscam por novas moléculas ativas a partir de plantas e de moléculas sintéticas.

NARRADOR 3 (Atriz 5): — Neste momento pode até haver em nossa cidade cientistas que, assim como eu e você, são pessoas que gostam de teatro.

NARRADOR 4 (Atriz 4): — Na verdade, tem. E estão aqui agora, nos assistindo, assim como você, você e você.

NARRADOR 7 (Atriz 2): — Que bonito, né?

CENA XXIII – COMUNIDADE SANTA HELENA

Participam desta cena: atores 1 e 2 e atrizes 1, 3 e 4. Ator 1 fica centralizado atrás da estrutura do cenário, Atriz 4 senta-se na direita fundos, Atriz 3 senta-se na esquerda fundos, e Ator 2 posiciona-se em pé na esquerda frente. Todos ficam parados, movimentando apenas as cabeças. Quando o Ator 1 narra a cena das mortes de Pedro e de Jurema, respectivamente, as atrizes 4 e 3 deitam-se discretamente sobre as estruturas que estão apoiadas. Durante as últimas falas, as pessoas que estão fora de cena começam a entrar trazendo um item vermelho para acrescentar ao figurino de cada um que está em cena. Quem entra já traz em seu figurino um item vermelho.

NARRADOR 5 (Atriz 1): — O ano para a próxima cena? Você escolhe, pode ser qualquer um entre 1907 e 2022.

PEDRO FILHO (Ator 1): — Meu nome é Pedro. Pedro ansim como meu pai. Pedro de deus. Pedro do povo... nóis falemo ansim... Meu vô foi concebido numa embarcação, quando seus pais foram trazidos como escravo pra essa terra. Ali é minha mãe, Jurema. Jurema como a vó, terceira geração de índia pataxó. Trabalhadera, lava, cozinha, cuida da casa, mais fala pouco. Bença, mãe! (para a mãe).

JUREMA (Atriz 3): — Deus te abençoe, fio!

PEDRO FILHO (Ator 1): — Mãe, o pai pediu pra eu levá a marmita.

JUREMA (Atriz 3): — Esse teu pai não tem jeito. De novo vai ficá até tarde.

PEDRO FILHO (Ator 1): — Ah, mãe, ele tá animado com a casa dos patrão. Tá ficando uma lindeza que só vendo. (Filho e mãe vão até a porta.) Um dia, nóis ainda vai tê uma casa dessas, cê vai vê.

JUREMA (Atriz 3): — Eu não duvido fio, cê vai sim... Vai sim. (Mãe olha ao redor e respira fundo.) Vai lá, leva a comida. Pede pro teu pai lavá a mão.

PEDRO FILHO (Ator 1): — Pode dexá, mas sabe que ele num vai, né.

JUREMA (Atriz 3): — Marido da comadre morreu meis passado. Num se cuidava, os bicho foram na boca dele de noite...

Pedro Filho volta-se para Pedro, no outro lado do palco.

PEDRO FILHO (Ator 1): — Pai, tá aí. A mãe mandô cê lavá as mão.

PEDRO (Atriz 4): — Ah, piá, mais se eu lavá as mão, nóis num vai tê água pra bebê depois.

PEDRO FILHO (Ator 1): — Naquela mesma noite, pai desmaiô. Acordô só no hospital. Falava baxo, tava sem ar. Pai tinha 40 anos, parecia uns 70.

MÉDICO (Ator 2): — O senhor bebe?

PEDRO (Atriz 4): — As veis.

MÉDICO (Ator 2): — Fuma?

PEDRO (Atriz 4): — As veis.

MÉDICO (Ator 2): — Trabalha com o quê?

PEDRO (Atriz 4): — Na roça, construção... hoje tava erguendo a casa nova da dona Carlota.

MÉDICO (Ator 2): — Mora onde?

PEDRO (Atriz 4): — Comunidade Santa Helena.

MÉDICO (Ator 2): — Tem banheiro em casa?

PEDRO (Atriz 4): — Tenho. Puxado lá atrais.

MÉDICO (Ator 2): — Tem água em casa?

PEDRO (Atriz 4): — Tem, do oio d'água da Carlota.

MÉDICO (Ator 2): — Tem se alimentado como?

PEDRO (Atriz 4): — Marmita. Fruita. Como o que tem.

MÉDICO (Ator 2): — Você costuma lavar seus alimentos? Suas mãos?

PEDRO (Atriz 4): — As veis. As veis eu esqueço.

MÉDICO (Ator 2): — O senhor já ouviu falar na doença de Chagas?

PEDRO (Atriz 4): — Já ovi. Tempo atráis até teve um lá em casa. Falei disso pra dona Carlota, mais ela disse isso é coisa de quem não qué trabaiá.

MÉDICO (Ator 2): — Seu Pedro, o senhor precisa ir para casa, descansar, não pode fazer esforço. Do contrário, o senhor pode morrer.

PEDRO (Atriz 4): — Eu até queria, mais quem vai *sustentá nóis* se eu *dé* bola *pra* isso, *dotô?* Ninguém se importa, não tem quem *óie* por *nóis.* Se *nóis pará, nóis* morre de fome. *Nóis* morre, de um jeito ou *dotô.*

PEDRO FILHO (Ator 1): — No *outo* dia meu pai foi até a dona Carlota *contá* o que ouve, eu *tava* junto. Ela *distratô, chamô* de vadio. Disse que não ia *pagá* quem não *trabaia.* Nem *os dia* que o pai já *trabaiô.* O pai *ficô* nervoso, nem *vortô pra* casa, foi direto pra construção, e lá ele ficô. Morreu de tardezinha. Dona Carlota teima em dizer que é culpa nossa, que somo tudo *uns bêbado* que não *queremo trabaiá.* (Neste momento a Atriz 2 entra, já com algum item vermelho em seu próprio figurino, entrega para o Ator 1 e se desloca para a esquerda frente, onde ficará até o final.) *Os patrão* moram muito no alto, seu moço, e não consegue enxergar *nóis* pobre. As *veis,* parece que eles nem *qué* que *nóis* exista. A mãe *tava* trabalhando no lugar do pai.... *Tava.* Ontem foi ela que morreu... (Todos que estavam fora entram com itens vermelhos em seus figurinos e entregam itens vermelhos para o Ator 2 e para as atrizes 3 e 4, que já estavam em cena.) E *esses bicho, esses bicho* continua tudo por aqui.

CENA XXIV – SOU CIENTISTA, GENTE COMO VOCÊ

Participam desta cena: atores 1 e 2 e atrizes 1, 2, 3, 4, 5 e 6. Todos encontram uma colocação adequada no palco, onde ficarão até iniciar a música. Todas as falas são dadas com os atores parados e olhando diretamente para o público. Na última fala, inicia-se a música, executada ao vivo. Ao final da música, com a mão direita, todos apontam para o coração que está pendurado ao fundo do cenário, que bate quatro vezes.

CIENTISTA 1 (Atriz 2): — Eu sou um(a) cientista. Sou gente como você, você e você. A Ciência, por ser feita por humanos, é passível de erros, mas até os erros ajudam a crescer, avançar, melhorar.

CIENTISTA 2 (Atriz 1): — Sou cientista que erra, mas também sou cientista que estabelece critérios rígidos para que a Ciência seja menos parcial, buscando construir o que é bom para todos.

CIENTISTA 3 (Ator 2): — Sou cientista que vejo minha comunidade não aceitar seus problemas e os equívocos que comete, correndo o risco de usar a Ciência para se tornar dogmática e dona da verdade. E isso, definitivamente, a Ciência não é.

CIENTISTA 1 (Atriz 2): — Por isso eu, um(a) cientista, estou aqui para pedir a você e a quem me puder ouvir: que não deixe a Ciência ser indiferente à dor, à morte, à violência.

CIENTISTA 2 (Atriz 1): — Não permita que a Ciência, seja indiferente às minorias, à fome, às necessidades básicas, à vida de qualidade, ao respeito a todos.

CIENTISTA 3 (Ator 2): — Eu te clamo que peça a Deus, a Zeus, ao universo, aos orixás, a quem te entende aqui e acolá... clamo a quem acredita e a quem em nada crê: não tornem a Ciência indiferente à dor de tanta gente que padece porque as suas misérias não geram financiamento.

CIENTISTA 1 (Atriz 2): — Eu, um(a) cientista, peço que não usem a Ciência para se desumanizar e que nunca a usem para dizer quem é melhor, ou que essa ou aquela não podem fazer ciência. Qualquer pessoa pode fazer Ciência, e isso é muito bonito.

CIENTISTA 2 (Atriz 1): — Eu, um(a) cientista, peço que guardem sempre consciência de para que, e para quem, fazemos Ciência.

CIENTISTA 3 (Ator 2): — Sonho com o dia em que eu possa dizer assim: para quem precisa, para quem sofre, para quem chora... (COMEÇA A CANTAR)

MÚSICA: YO VENGO A OFRECER MI CORAZÓ (Fito Páez)

¿Quién dijo que todo está perdido?

Yo vengo a ofrecer mi corazón

Tanta sangre que se llevó el río

Yo vengo a ofrecer mi corazón

No será tan fácil, ya sé que pasa

No será tan simple como pensaba

Cómo abrir el pecho y sacar el alma

Una cuchillada de amor

Luna de los pobres, siempre abierta

Yo vengo a ofrecer mi corazón

Como un documento inalterable

Yo vengo a ofrecer mi corazón

Y uniré las puntas de un mismo lazo

Y me iré tranquila, me iré despacio
Y te daré todo y me darás algo
Algo que me alivie un poco más
Cuando no haya nadie cerca o lejos
Yo vengo a ofrecer mi corazón
Cuando los satélites no alcancen
Yo vengo a ofrecer mi corazón
Y hablo de países y de esperanzas
Hablo por la vida, hablo por la nada
Hablo por cambiar esta, nuestra casa
De cambiarla por cambiar nomás
¿Quién dijo que todo está perdido?
Yo vengo a ofrecer mi corazón

LISTA DAS PERSONAGENS (POR ORDEM ALFABÉTICA)

Carlos Chagas
Carlos Chagas jovem
Carteiro
Cientistas 1, 2 e 3
Doentes 1, 2, 3, 4 e 5
Engenheiro Motta
Figueiredo de Vasconcelos
Íris
Jurema
Mãe de Berenice
Mariana
Médico
Miguel Couto
Mosquito
Narradores 1, 2, 3, 4, 5, 6, 7 e 8
Oswaldo Cruz
Padre

Pedro

Pedro Filho

Senador

Tio Calito

Tio Cícero

Tio Olegário

Tripanossoma

DISTRIBUIÇÃO DAS PERSONAGENS

Ator 1 executa as seguintes personagens (por ordem da primeira entrada em cena)

Narrador 6

Carlos Chagas jovem

Pedro Filho

Ator 2 executa as seguintes personagens (por ordem da primeira entrada em cena)

Narrador 2

Carlos Chagas

Médico

Cientista 3

Atriz 1 executa as seguintes personagens (por ordem da primeira entrada em cena)

Narrador 5

Tio Olegário

Doente 4

Carteiro

Cientista 2

Atriz 2 executa as seguintes personagens (por ordem da primeira entrada em cena)

Narrador 7

Doente 2

Senador

Mosquito (boneco)

Tripanossoma (boneco)

Cientista 1

Atriz 3 executa as seguintes personagens (por ordem da primeira entrada em cena)

Narrador 1

Doente 3

Íris

Jurema

Atriz 4 executa as seguintes personagens (por ordem da primeira entrada em cena)

Narrador 4

Tio Calito

Padre

Miguel Couto

Doente 1

Engenheiro Motta

Oswaldo Cruz

Figueiredo de Vasconcelos

Pedro

Atriz 5 executa as seguintes personagens (por ordem da primeira entrada em cena)

Narrador 3

Tio Cícero

Doente 5

Atriz 6 executa as seguintes personagens (por ordem da primeira entrada em cena)

Mariana

Mãe de Berenice

Narrador 8

FICHA TÉCNICA DA APRESENTAÇÃO NO XV CIÊNCIA EM CENA, REALIZADO EM MOSSORÓ/RN

Ator 1: Gabriel Ipólito

Ator 2: Jocemar Chagas

Atriz 1: Carol Agostinho

Atriz 2: Leila Freire

Atriz 3: Rachell Gritz

Atriz 4: Talula

Atriz 5: Uriel

Atriz 6: Viviane Oliveira

Operador de som e de luz: Renan Sota

Figurino: Leila Freire e Renan Sota, com execução por Rachell Gritz, Thaís Cristina Carneiro e Chaquelle O'Neal

Cenário: Renan Sota e Rute Yumi

Bonecos e Adereços: Rute Yumi

Direção: Jocemar Chagas e Renan Sota

Texto: Renan Sota e Jocemar Chagas, baseado nas pesquisas e improvisações de Carol Agostinho, Chaquelle O'Neal, Gabriel Ipólito, Leila Freire, Leonardo Lopes, Nataly Lima, Rachell Gritz, Rafaela Lunardi, Rute Yumi, Talula, Thaís Cristina Carneiro, Thais Pluskota, e Uriel

Assessoria Histórica: Rafaela Lunardi

Assessoria Científica: Iriane Eger

REFERÊNCIAS

BESTETTI, Reinaldo B.; MARTINS, Cláudia A.; CARDINALLI-NETO, Augusto. Justice Where justice is due: A posthumous Nobel Prize to Carlos Chagas (18779-1934), the discover of American Trypanosomiasis (Chagas' disease). **International Journal of Cardiology**, [s. l.], v. 134, p. 9-16, 2009.

CHAGAS, Carlos; VILLELA, Eurico. Forma cardíaca da trypanosomiase americana. **Memórias do Instituto Oswaldo Cruz**, [s. l.], v. 14, p. 5-61, 1922.

CHAGAS, Carlos. A new disease entity in man: a report on etiologic and clinical observations. Reprints and Reflections. **International Journal of Epidemiology**, [s. l.], v. 37, p. 694-695, 2008.

COUTINHO, Marilia; FREIRE JR., Olival; DIAS, João C. P. The Noble Enigma: Chagas' Nominations for the Nobel Prize. **Memórias do Instituto Oswaldo Cruz**, [s. l.], vl. 94, supl. 1, p. 123-129, 1999.

DIAS, João C. P. Cecílio Romaña, o sinal de Romaña e a doença de Chagas. **Revista da Sociedade Brasileira de Medicina Tropical**, [s. l.], v. 30, n. 5, p. 407-413, 1997.

FUNDAÇÃO OSWALDO CRUZ. **A ciência a caminho da roça**: imagens das expedições científicas do Instituto Oswaldo Cruz ao interior do Brasil entre 1911 e 1913. Rio de Janeiro: Editora Fiocruz, 2002.

KROPF, Simone P.; LACERDA, Aline L. **Carlos Chagas um cientista do Brasil**. Rio de Janeiro: Editora Fiocruz, 2009.

LEWINSON, Rachel. Carlos Chagas and the discovery of Chagas's disease (American trypanosomiasis). **Journal of the Royal Society of Medicine**, [s. l.], v. 74, p. 451-455, 1981.

LEWINSON, Rachel. Prophet in his own country: Carlos Chagas and the Nobel Prize. **Perspectives in Biology and Medicine**, [s. l.], v. 46, n. 4, p. 532-549, 2003.

MONCAYO, Álvaro. Carlos Chagas: Biographical sketch. Acta Tropica, vol. 115, p. 1-4, 2010.

PITTELLA, José E. H. O processo de avaliação em ciência e a indicação de Carlos Chagas ao prêmio Nobel de Fisiologia ou Medicina. **Revista da Sociedade Brasileira de Medicina Tropical**, [s. l.], v. 42, n. 1, p. 67-72, 2009.

SCLIAR, Moacyr. **Oswaldo Cruz & Carlos Chagas**: o nascimento da Ciência no Brasil. São Paulo: Odysseus Editora, 2002.

SOCIEDADE BRASILEIRA PARA O PROGRESSO DA CIÊNCIA. Carlos Chagas. **Revista Ciência e Cultura**, [s. l.], v. 31, suplemento, 1979. 143 p.

TELLERIA, Jenny; TIBAYRENC, Michel (ed). **American Trypanosomiasis Chagas Disease**: one hundred years of research. 2. ed. Amsterdam: Academic Press, 2017.

CAPÍTULO V

ALICE NO PAÍS DAS BOLHAS

NÚCLEO ALQUIMIA

Rodrigo Costa Marques
Rodrigo Ferreira Luiz
Bruck Woliver
Antonio Carlos de Oliveira Martins
Jaqueline Molina Gregório

SINOPSE

Alice é uma garota com poucos amigos que só quer se enturmar. Em um passeio, ela acaba se perdendo na floresta e encontrando diversas criaturas e pessoas que a ensinam importantes lições de Química, de amizade e de bolhas.

INFORMAÇÕES SOBRE A PEÇA

Número mínimo de personagens: Onze.

Tempo: 40 minutos.

Espaço: Pode ser apresentada em qualquer espaço.

Narrador? Não.

Cenário: Simples, para representar árvores, mesas e cadeiras.

Sonoplastia: Complexa, que marca entrada e saída dos personagens, e complementa movimentação.

Experimentos: Simples.

Iluminação: Opcional.

Maquiagem: Não.

Figurino: Simples.

ROTEIRO

CENA I – POBRE ALICE

ALICE: — Hoje de novo o pessoal da escola ficou rindo da minha cara, falando que não sei fazer bolhas, nem cantar ou assobiar...

MÚSICA INSTRUMENTAL INFANTIL TOCANDO AO FUNDO, E ALICE BRINCANDO, SENTADA NO CHÃO, COM UMA AMOEBA TENTANDO FAZER BOLHAS NELA. ELA TEM UM AR TRISTE E DESANIMADO, O CENÁRIO REPRESENTA UM BOSQUE, COM ALGUMAS ÁRVORES, SE HOUVER ILUMINAÇÃO, LUZ CLARA NO PALCO TODO.

CENA II – O COELHO

ENTRA EM CENA O COELHO, RECLAMANDO SOBRE O PROBLEMA COM O TAMANHO DAS BOLHAS. DESESPERADO, SEGUE ANDANDO DE UM LADO PRO OUTRO.

COELHO: — Oh não, oh não, muito pequeninas são, já basta os atrasos, agora não temos bolhas de sabão... Como podem, esferinhas de sabão tão belas sofrerem mazelas e ficarem neste estado? Oh, não posso mais ficar parado, tenho que sair daqui desesperado.

COELHO SAI CORRENDO DA CENA, E ALICE SAI CORRENDO ATRÁS DO COELHO

ALICE: — Ei, você aí, senhor Coelho branco, espere, espere!

COMEÇA A MÚSICA 1. CENA DE PERSEGUIÇÃO, ALICE CORRE EM CÍRCULOS EM VOLTA DO COELHO, ATÉ QUE ELE SAI DE CENA, RESTANDO APENAS ALICE EM PALCO. A MÚSICA PARA, E AS LUZES SE ACENDEM. OS GÊMEOS OBSERVAM ALICE DO CANTO ESQUERDO DO PALCO (VISÃO DO PÚBLICO)

ALICE: — Ah, ele sumiu... Eu só queria fazer amigos, e outra vez estou sozinha... Mas calma, ele disse algo sobre bolhas... Adoraria que alguém me ensinasse sobre elas... É muito chato não saber fazer bolhas, eu viro motivo de chacota na escola... Sempre me dizem "Alice não sabe soprar, nem assobiar, Alice não sabe desenhar...". Queria fazer uma bolha enorme, como aquelas que o senhor Coelho falou, assim teria um mundo de bolhas só meu!

ALICE FICA EMPOLGADA E COMEÇA A RODAR E SE SENTA NO PALCO. A CENA TODA OCORRE NO MESMO BOSQUE DA CENA INICIAL, DURANTE O DIA.

CENA III – OS GÊMEOS PF

ENTRAM OS GÊMEOS PELA ESQUERDA DO PALCO

PRÓTON: — Ué, quem é esta? Era a que falava de como quer fazer amigos? Como quer fazer amigos, se está aqui a uma eternidade e nem se apresentou?

FÓTON: — É costume dessa gente nova... Ei garota estranha, quando se chega se cumprimenta os outros, sabia? Não dê uma de Rainha de Copas...

ALICE LEVANTA OS OLHOS PARA OS GÊMEOS

ALICE (se levantando): — Oh, me desculpem! Não tinha visto vocês aí. Prazer, meu nome é Alice! E quem são vocês?

PRÓTON: — Eu sou o próTON!

FÓTON: — E eu sou o fóTON!

PRÓTON: — Agora, conhecemos uma Alice não?

FÓTON (VAI À FRENTE): — Sim, uma Alice, aquela moça fantástica que foi primeira mulher negra a se graduar na Universidade do Havaí... Bons tempos e boas conversas tivemos, não tivemos?

PRÓTON (TAMBÉM VAI À FRENTE): — Sim, sim, tivemos.

ALICE (ENTRE OS DOIS): — Foi um prazer conhecer vocês, mas...

FÓTON: — Ora se acalme! Não se vá tão rápido. Preste atenção, conhecemos ótimos cientistas!

PRÓTON: — Conhecemos físicos como o Einstein, ele adorava fazer exercícios!

FÓTON: — Não, ele era o que tinha rixa com os clássicos? Porque ele fazia exercícios sentado, e era tudo relativo...

PRÓTON: — Mas no final ele criou massa usando luz não foi? Com aquela equação lá dele.

FÓTON: — Ah sim, mas conhecemos mais que físicos. Veja, conhecemos bons químicos também!

PRÓTON: — Como a Marie, uma ótima pessoa ela era, ótima com química também.

FÓTON: — Mas ela mexia com rádio, quem quer uma amiga locutora que não para de falar?

PRÓTON: — E o Edison? Ah não, esse era o babaca.

FÓTON: — Ah lógico, Thomas era um insuportável.

PRÓTON: — E o Hook? Ele gostava de pula-pulas não?

FÓTON: — Esse mesmo, ele tinha algo com molas, nunca entendi muito bem.

PRÓTON: — Mas temos o Dumond não? O primeiro a fazer um avião DIREITO.

FÓTON: — Verdade, verdade, ele resolveu que queria quebrar as regras do Newton e quebrou a gravidade.

PRÓTON: — Não, não, eles não quebraram nada, a lei era muito flexível e...

FÓTON: — Ora, já estamos atrasados, temos que seguir, Thomson fez pudim de passas

OS GÊMEOS POSSUEM MOVIMENTOS ESPELHADOS, ESTÃO SEMPRE TENTANDO SEGURAR A ALICE E CAMINHAM PELO PALCO COM ELA ENTRE ELES. ALICE PARECE UM POUCO DESCONFORTÁVEL, POIS OS GÊMEOS, AO MESMO TEMPO QUE NÃO A DEIXAM IR, CONVERSAM MAIS ENTRE SI DO QUE COM ELA. A CENA SE PASSA NA MESMA AMBIENTAÇÃO DA CENA I.

CENA IV – A CORRERIA DO COELHO

PASSA AO FUNDO DO PALCO, QUASE EM SEGUNDO PLANO, O COELHO PREOCUPADO, ANDANDO RÁPIDO.

COELHO: — Oh não, o tempo! Oh céus, as horas! Vossa alteza não me permite tanta demora!

ALICE: — Mas que loucura! Vocês viram isso? É aquele coelho de novo!

COELHO: — Ah não, ah não, cortar minha cabeça vão!

ALICE: — Espere, senhor Coelho, calma, o senhor é muito rápido!

COELHO: — Jovem monstro, eu não tenho tempo, não posso mais ficar desatento!

ALICE: — Eu só quero saber porque tanta pressa!

COELHO: — Sua criatura enxerida, o que te faz ser assim tão petulante e atrevida? Eu tenho compromissos com vossa majestade, nossa rainha querida.

ALICE: — Oh, não foi a intenção, eu só queria ter amigos...

COELHO: — Ora... Não me interessa o seu problema, criatura pequena, eu não tenho tempo! A rainha é uma pessoa... complicada; se eu não chegar, ela vai ficar "desesperada".

ALICE: — Seja sincero, o senhor não precisa me dar todas as respostas, mas... O que custa me falar das bolhas?

COELHO: — Monstro, se tiver garoa, não chegarei ao castelo, tenho que ir. Além do que as bolhas são assunto da coroa!

O COELHO SAI CORRENDO, E ALICE CORRE ATRÁS DELE. DÃO VOLTAS UM ATRÁS DO OUTRO AO SOM DA MÚSICA DE PERSEGUIÇÃO. O COELHO SAI DO PALCO PELA DIREITA, ENQUANTO ALICE, MEIO TONTA E PERDIDA, COMEÇA A RETORNAR AO CENTRO DO PALCO, RODOPIANDO. A CENA SE PASSA NA MESMA AMBIENTAÇÃO DA CENA I.

CENA V – O LINDO JARDIM

ENTRAM EM CENA DÁLIA E ROSA, PELO LADO ESQUERDO DO PALCO. ALICE ENTRA NO JARDIM SEM SE DAR CONTA ENQUANTO RODOPIA E BATE DE FRENTE COM DÁLIA.

DÁLIA: — Ei você, o que faz correndo no nosso jardim?

ALICE SE ASSUSTA E VIRA DE REPENTE. AO PASSAR POR DÁLIA, ESBARRA SEM QUERER NA ROSA.

ROSA: — Opa, que ação indelicada, cuidado querida, vai embolar suas raízes com as nossas.

OS GÊMEOS PASSAM ATRÁS DAS FLORES, EM SEGUNDO PLANO NO PALCO, COM GRANDES AROS E FAZENDO BOLHAS GIGANTES

DÁLIA: — Ah! De novo esses dois brincando no nosso jardim. Parem com essas bolhas!

ROSA: — Todo esse sabão está lavando toda nossa bela cor.

DÁLIA: — Oh, não! Oh, não! Mas que tragédia todo esse sabão! Vamos ficar feias...

OS GÊMEOS SAEM CORRENDO PELO LADO OPOSTO AO QUE ENTRARAM, CESSAM AS BOLHAS.

ROSA: — Nunca ficaríamos feias, somos flores! Mas aproveitem que isso parou, vamos ao fogo, a solução!

ALICE: — Se acalmem, o que está acontecendo? E que fogo é esse que você chamou de solução?

DÁLIA: — É hora do fogo uhul! (MÚSICA DO FOGO)

ALICE: — É, vocês têm razão, pode ser bem divertido brincar com fogo colorido.

ROSA E DÁLIA: — É claro que temos razão!

ENTRA A MARGARIDA PELA DIREITA DO PALCO

MARGARIDA: — Que barulho todo é esse?

ROSA: — Oh, querida Margarida, este pequeno broto se apareceu no nosso jardim, veja! (APONTA PARA ALICE)

DÁLIA: — E já ficou toda feliz de ver nosso fogo colorido! Veja que alegre broto temos aqui!

MARGARIDA (OLHA ALICE DE CIMA A BAIXO): — Oh, me diga pequeno broto, de qual espécie você é?

ALICE: — Espécie?

ROSA: — É, espécie. eu sou uma linda rosa.

DÁLIA: — Eu sou uma alegre dália.

MARGARIDA: — E eu uma graciosa margarida.

ALICE: — Ahhhh esse tipo de espécie... Eu sou da espécie humana então.

ROSA: — Nunca ouvi falar desse tipo de flor... Você é uma flor silvestre?

ALICE: — Claro que não, não sou nem flor. (MÚSICA DRAMÁTICA)

MARGARIDA: — COMO ASSIM UMA NÃO FLOR ENTROU NO NOSSO JARDIM?

DÁLIA: — Uma não flor?

ROSA: — Ah não! Ela é uma praga!

MARGARIDA: — Correeeee!

AS 3 FLORES CORREM EM CÍRCULOS GRITANDO AO REDOR DE ALICE, DANDO TRÊS VOLTAS COMPLETAS.

ALICE: — Não, esperem...Eu não cheguei a perguntar sobre as bolhas, parem de girar.

MARGARIDA: — Não se aproxime de nós, erva-daninha! Fujam!

DÁLIA: — Oh, nós ficamos sujas! A rainha não tolera flores sujas, seremos condenadas!

ROSA: — Vamos embora, pra longe dessa não flor esquisita, antes de termos problemas com a rainha!

SAEM AS TRÊS DA CENA CORRENDO

ALICE: — Parece que todos aqui estão sempre correndo...

PASSA O COELHO POR TRÁS DA CENA OUTRA VEZ.

COELHO: — Oh não, oh não, cortar minha cabeça vão! Vossa alteza disse com clareza, bolhas grandes e bolhudas, não mirradas e miúdas...

SAI O COELHO ANTES QUE ALICE PUDESSE FALAR ALGO.

ALICE: — Ah, falando em correr, lá vai o senhor Coelho de novo.

A AMBIENTAÇÃO DESSA CENA MUDA UM POUCO. CASO HAJA ILUMINAÇÃO DE DIVERSAS CORES, AQUI É USADA LUZ VERDE DURANTE TODA A CENA. ANTES DO INÍCIO DA CENA, ENTRA UMA MESA COM UMA TOALHA VERDE E DECORAÇÃO DE FLORES, JÁ COM OS REAGENTES PARA O TESTE DE CHAMAS DA HORA DO FOGO.

CENA VI – Perspectiva

ENTRA A LAGARTA PELA DIREITA DO PALCO, EM UM PATINETE DE MADEIRA (OU BEM BARULHENTO) BEEM LENTAMENTE.

LAGARTA: — Quem és tu? Me olhando desse jeito...

ALICE: — Me chamo Alice, mas já nem sei mais quem sou, comecei sozinha e quase virei flor agora pouco, e você quem é?

LAGARTA: — Mas, minha jovem, como espera saber quem és? Tudo não passa de peeeerspectiva...

FAZENDO UM MOVIMENTO DE MÃO E CHACOALHANDO A SOLUÇÃO DO SUCO.

ALICE: — Ah um suco vermelho, não incolor, não... O que o senhor está tomando?

LAGARTA: — Como eu disse, minha cara, perspectiva. Veja a rainha do reino, ela pode ser uma doida, ou uma doida rainha, ou ainda uma rainha doida, mas isso só significa que ela é muito insuportável de qualquer jeito...

ALICE: — Ora, já me falaram dessa tal rainha, ela não parece nada amigável.

LAGARTA: — Novamente, tudo depende. Ela adora a própria companhia, já os súditos... Mas, antes disso, quem és tu menina?

ALICE: — Como assim? Já te disse quem eu sou, sou a Alice.

LAGARTA: — Pare com essa simplicidade, achas que somos todos assim simples? Veja este copo, pode estar meio cheio ou meio vazio, inteiramente cheio ou completamente vazio, na realidade ele não é nem um copo.

ALICE: — Sabe, para mim nada disso faz sentido, o senhor começou na rainha e agora tem um copo, que por sinal não é um copo?!

LAGARTA: — Menina insolente, como ousa tirar conclusões precipitadas?

ALICE: — Des-desculpe, não sabia que ia ofender!

LAGARTA: — Tenho meus afazeres e, já que escolhe ser assim, me diga quem és quando nos virmos de novo.

CASO HAJA ILUMINAÇÃO, USA-SE UMA LUZ MAIS FRACA NESSA CENA, AINDA NA AMBIENTAÇÃO DO BOSQUE, DA CENA I. A MÚSICA DA LAGARTA TOCA DURANTE A CENA INTEIRA, EM UM VOLUME BEM BAIXO. ESTA CENA TEM APENAS UM EXPERIMENTO, DO SUCO QUE MUDA DE COR, A GARRAFA OSCILANTE. TANTO A ENTRADA QUANTO A SAÍDA DA LAGARTA SÃO MARCADAS POR FUMAÇA, SEJA MÁQUINA DE FUMAÇA OU NITROGÊNIO LÍQUIDO.

CENA VII – O GATO

GATO: — Essa fumaça branca sempre me revelando, que despautério!

ALICE (SUSTO): — Quem é você? E por que estava escondido ali esse tempo todo?

GATO: — Ora, como assim escondido? Você acabou de ouvir, é tudo uma questão de perrrrrrrspectiva (COM O MESMO MOVIMENTO DA LAGARTA), não é?

ALICE: — Ah, lá vem... Você também *tá* nessa com esse negócio de perspectiva? Todo mundo aqui é doido, só pode... Você pode pelo menos me dizer para que lado seguir? Queria achar essas bolhas que tanto falam...

GATO: — Depende, é claro. Para onde você gostaria de ir?

ALICE: — Como assim? Acabei de te falar pra onde eu quero ir. Pra onde tem aquelas tais bolhas, quero encontrar com elas.

GATO: — Bom, se você estiver procurando por bolhas, deve ir à hora do chá.

ALICE: — Como é possível seguir em direção a uma medida de tempo, isso nem faz sentido.

GATO: — Ah, Alice, o tempo e o espaço são relativos, tudo é relativo, eu sou relativo. Agora... seria eu um gato de Schroedinger? Posso estar vivo ou morto dentro da caixa, e a caixa pode ser ou não esse palco, e eu posso nem ser o gato da história no final das contas... Mas, às vezes o gato só saiu e foi tomar um chá.

ALICE: — Estou confusa... Por favor, poderia me falar mais sobre as bolhas?

GATO: — Bolhas?

ALICE: — As bolhas da hora do chá.

GATO: — Chá? (SOM DE ORQUESTRA DO CHÁ) Isso com certeza é coisa daquele chapeleiro maluco. Você pode encontrá-lo na hora do chá.

ALICE: — Mas que complicado! Como eu chego à hora do chá?

GATO: — Ora, é fácil, faça como eu, desapareça pela esquerda.

O GATO SAI PELA DIREITA DO PALCO, INDEPENDENTE DO LADO QUE ENTROU. SUA ENTRADA E SAÍDA TAMBÉM SÃO MARCADOS POR FUMAÇA. CASO HAJA UMA MÁQUINA DE FUMAÇA, PODE SER USADA ESPORADICAMENTE DURANTE A CENA, SEM UMA FREQUÊNCIA FIXA. SE HOUVER NITROGÊNIO LÍQUIDO, UTILIZAR APENAS NA ENTRADA E SAÍDA DO PERSONAGEM. CASO HAJA ILUMINAÇÃO, UTILIZAR UMA LUZ AZUL E ILUMI-

NAÇÃO FRACA DURANTE A CENA. ALICE AQUI TEM CURIOSI-DADE SOBRE O GATO, MAS ELE SE AFASTA DELA TODA VEZ QUE ELA SE APROXIMA; APROXIMA-SE APENAS QUANDO ELE QUER. ALICE ANDA MEIO PERDIDA PELO PALCO, CONSIDERANDO QUAL DIREÇÃO SEGUIR, E SAI DE CENA PELA ESQUERDA DO PALCO, ACOMPANHANDO O SENTIDO DE SAÍDA DE TODOS OS OUTROS PERSONAGENS.

CENA VIII – Chá de sumiço das bolhas

ENTRA O CHAPELEIRO, CALMAMENTE, CARREGANDO UMA MESA (PODE TER A AJUDA DE BACKSTAGE PARA TRAZER A MESA E TRÊS CADEIRAS), COLOCA A MESA E SE SENTA CORDIALMENTE. COLOCA O BULE EM CIMA DA MESA E FICA OLHANDO O RELÓ-GIO. ENTRA A LEBRE, QUE SE APRESENTA AO PÚBLICO, SE CUR-VANDO, E SE SENTA TAMBÉM. ESSA ENTRADA É FEITA AO SOM DE "PRIMAVERA", DE VIVALDI.

LEBRE: — Oh, que lástima, oh que grave, oh que.... chato!

CHAPELEIRO: — O que é? O que foi, lebre? O que há? Alguém quer chá? (SOM DE ORQUESTRA DO CHÁ)

LEBRE: — Chá?

CHAPELEIRO: — Biscoito?

LEBRE: — Bolo?

CHAPELEIRO: — Açúcar?

CHAPELEIRO e LEBRE: — Torta!

LEBRE: — Cometi um erro grave! Uma lástima, de fato, de fato... foi chato isso acontecer...

CHAPELEIRO: — O que você cometeu? Algo grave? Uma lástima? Não tomou chá? (SOM DE ORQUESTRA DO CHÁ)

LEBRE: — Chá?

CHAPELEIRO: — Biscoito?

LEBRE: — Bolo?

CHAPELEIRO: — Açúcar?

CHAPELEIRO e LEBRE: — Torta!

LEBRE: — É que... eu estava andando pelo bosque, sabe, daí eu topei com aquele gato asqueroso, horripilante.

CHAPELEIRO: — Aquele gato? Naquele bosque? Aquele... asqueroso? Aceita um chá cremoso? (SOM DE ORQUESTRA DO CHÁ)

LEBRE: — Chá?

CHAPELEIRO: — Biscoito?

LEBRE: — Bolo?

CHAPELEIRO: — Açúcar?

CHAPELEIRO e LEBRE: — Torta!

LEBRE: — Esse mesmo, ele veio com aquelas malditas parábolas e adivinhações que ele rouba da Lagarta, sabe? Ficou no meu pé um tempão, me perguntando sobre aquelas bolhas.

CHAPELEIRO: — Booolhaaas!

LEBRE: — Isso! Aquelas bolhas, místicas, estranhas e...legal! Legal! Mas aí é que tá o problema, o gato me distraiu com conversa fiada... e sabe aquele coelho que trabalha pra rainha?

CHAPELEIRO: — Rainha! Aquela esquisita, NERVOSA E VERMELHA? (FICA CADA VEZ MAIS NERVOSO, E FALA MAIS E MAIS ALTO A CADA ADJETIVO ADICIONADO) Sim, sei sim!

LEBRE: — Ele passou correndo por mim, sempre correndo, acabou me derrubando, e uma coisa aconteceu...

CHAPELEIRO: — O quê?

LEBRE: — Nós dois caímos, ele derrubou seu relógio e eu, o frasco da nossa solução mágica de bolhas...

CHAPELEIRO: — Ora, mas calma, não é hora pra estresse, foi só uma queda. Falando em hora, você as tem?

LEBRE: — Ah sim, só um minuto (COLOCA A MÃO NO BOLSO E PUXA O RELÓGIO DO COELHO). Aqui, são 3 e... Oh, temos um problema...

CHAPELEIRO: — OH MEU DEUS, O SEGREDO DAS BOLHAS FOI PARAR NA MÃO DA RAINHA!!!!!!!

LEBRE: — AAAAAAA COMO PODE TAMANHA LÁSTIMA!!!

CHAPELEIRO E LEBRE, DESESPERADOS CORRENDO AO REDOR DA MESA E FALANDO SOBRE A LÁSTIMA. ALICE ENTRA EM CENA, OBSERVANDO O BOSQUE E A MESA DO CHÁ.

ALICE: — Uh... Olá?

CHAPELEIRO e LEBRE: — AAAAAAAAAAAAAAAAAAHHH!!! (SE ASSUSTAM E SE ESCONDEM ATRÁS DAS CADEIRAS MAIS DISTANTES DA ALICE)

CHAPELEIRO: — Quem é você?

LEBRE: — O que faz aqui?

ALICE: — Meu nome é Alice, um gato meio estranho me disse que aqui, na hora do chá, eu iria encontrar bolhas.

CHAPELEIRO E LEBRE SE ENTREOLHAM.

LEBRE: — Você disse que está atrás de bolhas?

ALICE: — Sim, estou.

CHAPELEIRO: — Você sabe alguma coisa de bolha aqui?

LEBRE: — Bolhas? Nunca nem vi...

CHAPELEIRO: — Olha só! Eu também nunca vi!

ALICE: — Mas o gato disse...

CHAPELEIRO: — Gato? Aqui não tem gatos, se bem que a lebre aqui acha que ela é um gato, mas isso é outro problema.

LEBRE: — MIAU (A LEBRE FALA A PALAVRA MIAU, NÃO TENTA IMITAR UM MIADO).

CHAPELEIRO: — Viu só? Agora, por que você não se senta um pouco e toma um pouco de chá? (SOM DE ORQUESTRA DO CHÁ)

LEBRE: — Chá?

CHAPELEIRO: — Biscoito?

LEBRE: — Bolo?

CHAPELEIRO: — Açúcar?

CHAPELEIRO e LEBRE: — Torta!

LEBRE: — Aí, já que chegamos nisso, você pode analisar nosso novo experimento. Estamos criando novos sabores pra nossa hora do chá, tipo esse aqui (APONTA PARA UM BÉQUER NA MESA).

CHAPELEIRO: — Esse daqui é o chá de limerry. (COLOCA O ÁCIDO)

ALICE: — Limerry? Que sabor é esse?

CHAPELEIRO: — É um sabor que você escolhe entre limão e blueberry.

LEBRE: — Limão!

CHAPELEIRO: — blueberry!

FICAM JOGANDO ÁCIDO E BASE; VAI TER MAIS ÁCIDO PARA TERMINAR EM BLUEBERRY.

CHAPELEIRO: — Blueberry!

LEBRE: — Limão!... Droga...

CHAPELEIRO (RISADINHAS): — Venci.

LEBRE: — Tá, fica com seu blueberry, eu vou fazer chá foguete.

ALICE: — Chá foguete?

CHAPELEIRO: — Sim, é o chá mais rápido já feito na vida.

LEBRE: — É só colocar uma pitada do pó do chá e um pouco dessa água de fogo e boom!!

LÂMPADA DE ALADDIN DENTRO DO BULE DE CHÁ

CHAPELEIRO e LEBRE: — Taram!

CHAPELEIRO: — E agora, temos o *grand finale*...

LEBRE: — Certeza? Esse sempre dá errado ou pega fogo...

CHAPELEIRO: — Besteira, eu tô sentindo o chá nas minhas veias, ele tá falando comigo (SORRISO MANÍACO E RISADA MALIGNA)

LEBRE: — Se você diz... Vamos!

REAÇÃO PASTA DE DENTE DE ELEFANTE

CHAPELEIRO (para a lebre): — Hum, seu pessimismo estragou nossa receita secreta...

LEBRE: — Esquece isso, agora temos algo mais importante para fazer.

CHAPELEIRO: — Ah claro, claro... Minha jovem, você sabe a diferença entre um corvo e uma escrivaninha?

ALICE: — Ora, mas como eu ia saber disso?

CHAPELEIRO e LEBRE: — Ahhhhh! Você não está pronta pra saber de bolhas!

LEBRE: — Mas... Você viu nossas receitas, acho que não precisamos mentir... O segredo pras nossas bolhas é uma solução mágica, ela faz bolhas gigantes e...

TOCA A MÚSICA DA CORTE DA RAINHA BAIXO

CHAPELEIRO: — Oh não, vem vindo a comitiva daquela tirana vermelha! Garota, se esconda! Vamos, lebre, me ajude a tirar isso daqui!

LEBRE E CHAPELEIRO SAEM CORRENDO COM A MESA E DUAS CADEIRAS, DEIXANDO APENAS UMA EM PALCO. CASO HAJA ILU-MINAÇÃO, A LUZ DA CENA É CLARA, E NO GERAL UM AMBIENTE ALEGRE. NESSA CENA TEMOS TRÊS REAÇÕES, A LÂMPADA DE ALLADIN, UMA REAÇÃO ÁCIDO-BASE E A PASTA DE DENTE DE ELEFANTE. TODAS PODEM SER REALIZADAS EM VIDRARIAS COMUNS DE LABORATÓRIO, PORÉM O NÚCLEO UTILIZOU UM BULE DE CHÁ ESPECIALMENTE CONFECCIONADO A PARTIR DE UM ERLENMEYER, PARA A REAÇÃO DO CHÁ FOGUETE. TODA VEZ QUE O CHAPELEIRO E A LEBRE FALAM "TORTA!" ELES SE LEVAN-TAM, VÃO ATÉ A FRENTE DA MESA DO CHÁ, SE CUMPRIMENTAM APERTANDO AS MÃOS, TTROCAM DE LUGAR A PARTIR DE ONDE SE SENTAVAM ANTES, E A MÚSICA "PRIMAVERA" (VIVALDI) TOCA SEUS PRIMEIROS 5 SEGUNDOS. ALICE SE "ESCONDE" AO FIM DA CENA ATRÁS DE UMA MOITA, ONDE É CLARAMENTE POSSÍVEL VER SEU CORPO ATRÁS.

CENA IX – COMITIVA

O COELHO APARECE SOZINHO, COLOCA A CADEIRA QUE FICOU EM CENA NO MEIO DO PALCO, PUXA UM LENCINHO E ESPANA A CADEIRA, AJEITANDO TUDO, AO SOM DA COMITIVA DA RAINHA.

COELHO: — Aham... E agora com vocês, a rainha de copas! (MÚSICA DA RAINHA)

ASSIM QUE TERMINA SUA FALA, O COELHO LEVANTA UMA PLACA, ESCRITA "APLAUSOS" QUE ESTÁ DO AVESSO. ELE OLHA PARA BAIXO, AJEITA A PLACA NO SENTIDO CORRETO E A LEVANTA. ENTRA A RAINHA, SEGUIDA DOS SÚDITOS (AS FLORES, NA FRENTE JOGANDO PÉTALAS NO CHÃO, E OS GÊMEOS, ATRÁS DELA, USANDO CAPAS VERMELHAS), ELA SEM COROA. VÃO TODOS ATÉ PERTO DO TRONO, OS SÚDITOS PARAM DO LADO DELA.

RAINHA: — ONDE. ESTÁ. A. MINHA. COROA?

COELHO: — A-aqui está ela... (COLOCA A COROA EM SUA CABEÇA TREMENDO)

RAINHA OLHA FEIO O COELHO.

COELHO (DIMINUI, INTIMIDADO): — Sua majestade...

RAINHA: — Ah, assim está melhor. EU QUERO SABER ONDE ESTÁ...

COELHO: — Onde está o que, vossa majestade?

RAINHA: — A SOLUÇÃO MÁGICA DE BOLHAS QUE EU PEDI, COMEDOR DE CENOURAS INÚTIL!

COELHO: — Ma-majestade, eu...eu...eu....

RAINHA: — FALA LOGO, IMPRESTÁVEL!

COELHO: — Eu juro que procurei em todos os lugares, na floresta, nos jardins, até nos altos mares... Procurei em tudo e não consegui achar não, nem quem soubesse fazer, e nem a solução...

RAINHA: — Ora, mas que pena, não é mesmo... VOCÊ NÃO PROCUROU DIREITO ENTÃO, ELA TEM QUE ESTAR EM ALGUM LUGAR, NÃO É POSSÍVEL! Oh, será que... aquele cara, sabe, aquele cara do chapéu estranho, que sempre tá com um bicho que parece você com mais orelhas... será que ele não sabe de algo?

COELHO: — O chapeleiro maluco? Não, não pode ser, aquele cara é piradinho, todo caduco, só se importa com chá, chá, com chá também e... Eu já disse chá?

RAINHA: — QUIETO!!! Ele até pode ser louco, mas aquele cara é um mistério só. Você por acaso viu como ele faz seus chás? Parece coisa de outro mundo! Vou mandar meu exército atrás dele AGORA!! (PERCEBE A ALICE E FALA PARA O COELHO) Oh, veja, aquela doce garotinha... O QUE ELA ESTÁ FAZENDO NO MEU REINO? VOCÊ! (APONTA PARA O COELHO) trate de levar aquela garotinha até meu castelo, AGORA!!!!!!

A AMBIENTAÇÃO DESSA CENA É MAIS PESADA, CASO HAJA ILUMINAÇÃO, UMA LUZ VERMELHA E O PALCO BEM ILUMINADO, MOSTRANDO O BOSQUE. A RAINHA DÁ SEUS COMANDOS E SAI DE CENA, SEGUIDA POR SEUS SÚDITOS.

CENA X – A Verdade

COELHO VAI ATÉ O ESCONDERIJO RUIM DA ALICE

COELHO: — O que te traz ao nosso encontro, nobre monstro?

ALICE: — Você! Você é o coelho que vi antes de entrar nesse lugar que não sei o que é! Mas você sempre corre de mim, e eu tenho tantas perguntas para lhe fazer...

COELHO: — Alice, escute, não tenho muito tempo- Esse espaço de tormento é o País das bolhas. Aqui, tudo que há de mais valioso, e tudo que traz boas escolhas, são elas.

ALICE: — Sim, eu queria saber das bolhas mesmo, quem comanda elas, afinal?

COELHO: — As bolhas levadas? Ora veja, elas não podem ser comandadas... Mas essa parte do país onde está a passear... quem rege, sinto lhe informar, é a tirana Rainha de Copas.

ALICE: — É, me falaram muitas coisas dela. Ela não parece uma pessoa boa... Mas o que ela ia querer com bolhas, afinal?

COELHO: — Não as bolhas, ela quer achar uma solução mágica e usar de forma trágica, criar medo no reino, com bolhas mais fortes, indestrutíveis, para aprisionar todos de formas horríveis...

ALICE: — Oh, isso parece realmente péssimo! Por que você não faz algo, senhor Coelho?

COELHO: — Nada se resolve assim, embora queria poder tirar esse peso todo de mim...

ALICE: — O que te impede então?

COELHO: — Um medo, uma fraqueza... e também uma certeza de que ela me cortaria a cabeça... Agora, sinto, mas não minto, tenho que te levar, antes que isso tudo possa piorar...

ALICE: — Eu sei da solução mágica, senhor Coelho, sei quem a tem!

COELHO: — Ora pois, calada, menina-monstro abobada, não diga nada disso a ela!

O COELHO SE APROXIMA BASTANTE DE ALICE NESSA CENA, FISICAMENTE. CASO HAJA ILUMINAÇÃO, LUZ FORTE NO PALCO TODO. AO FINAL, O COELHO TIRA ALICE DE CENA PELA ESQUERDA DO PALCO, EMPURRANDO-A.

CENA XI – Batalha

RAINHA: — Ora, ora, ora, se não é a pobre garotinha QUE ESTAVA ANDANDO NOS ARREDORES MEU CASTELO! QUEM É VOCÊ?

ALICE: — Eu sou Alice, vossa majestade, vim de outro mundo, um lugar chamado Araraquara. Sabe, é um lugar até que legal.

RAINHA: — Araraquara? Mas que lugar é esse? Onde fica?

ALICE: — Ah sabe, vossa alteza, é um lugar que tem magia também, é uma cidade que tem a dádiva da laranja, que, cá entre nós, dá uma bela dor de cabeça... Também tem um sol muito lindo, que eu acho realmente que mora na cidade de tanto calor que faz lá...

RAINHA: — QUE SEJA! AGORA... Alice, minha querida, responda, por acaso você encontrou um chapeleiro por aí? Um cara meio pirado, com um chapéu estranho, que gosta de chá e geralmente anda com uma lebre?

ALICE: — Sim, eu o encontrei, vossa majestade.

RAINHA: — Oh! (SORRISO DO MAL) E... Ele por acaso te falou sobre alguma coisa de bolhas? De alguma solução mágica?

ALICE: — Não, vossa majestade, só encontrei o Chapeleiro e a lebre porque um gato misterioso me disse que havia bolhas ali, mas o chapeleiro me disse que não havia nada. Aliás, nem sei do que a senhora está falando, não sei o que seria essa "solução mágica".

RAINHA: — Se não sabe, por que você está procurando por bolhas?

ALICE: — Porque eu sempre quis aprender a fazer! Sabe, vossa majestade, eu não sei fazer bolhas e sou motivo de zoação na escola por não fazer nada que eles considerem interessante. Quando vi o coelho falar sobre elas hoje mais cedo, resolvi segui-lo para aprender e agora estou aqui...

RAINHA: — QUE SEJA! (PARA O COELHO) Ela é apenas uma garotinha perdida, e EU NÃO TENHO tempo para ouvir histórias tristes. Tenho compromissos reais e estou perdendo tempo. COELHO, me diga que horas são, AGORA!!

COELHO: — S-sim, sim, vossa majestade (COLOCA A MÃO NO BOLSO E TIRA A SOLUÇÃO DAS BOLHAS) Ah, mas isso não é meu relógio!! Ah não! (ELE TENTA ESCONDER A SOLUÇÃO)

RAINHA: — Mas o que é isso aí atrás de você? Não acredito! Finalmente!

ALICE: — Ah não...

RAINHA (RISADA MALIGNA): — FINALMENTE! Tudo que eu mais queria era esta solução, o que eu poderia querer mais nesse momento? Oh, garotinha perdida chamada Alice, você irá testemunhar a minha glória! A GLÓRIA DA RAINHA VERMELHA!

COELHO E ALICE SE OLHAM COM UMA CARA DE MEDO, A RAINHA DÁ PULINHOS DE EMPOLGAÇÃO PELO PALCO, DEPOIS RECUPERA A COMPOSTURA.

GATO: — Um momento, ó majestade de araque.

RAINHA: — QUEM ME CHAMOU DE MAJESTADE DE ARAQUE???? EXIJO QUE CORTEM-LHE A CABEÇA!

ENTRA O GATO, DESSA VEZ, SEM FUMAÇA.

GATO: — Ora, sabes que sobre mim não tem jurisdição vermelhinha, eu nem mesmo estou aqui, afinal de contas...

RAINHA: — Tanto faz, suma da minha vista, eu tenho que comemorar e colocar essas bolhas para bom uso!

GATO: — Bom uso? Pff, uma doida maníaca como você não saberia usar essas bolhas nem se tentasse. Além disso, que injustiça é essa? A pobre garotinha nem pode fazer bolhas desde que chegou aqui, e você vai levá-las assim?

RAINHA: — NÃO ME IMPORTO!!! E NADA QUE VOCÊ DISSER VAI ME FAZER MUDAR DE IDEIA SOBRE COMO USAR AS BOLHAS, GATO INSOLENTE.

GATO: — Ah, mas eu não falaria nada do gênero... Do tipo dizer que a sua querida, nobre, bela e adorada irmã seria muito bem-vista no reino se fosse ela a fazer uma boa ação tão linda, de deixar a garota Alice fazer bolhas...

GATO DÁ UM SORRISO IRÔNICO E SAI DA CENA COM MUITA FUMAÇA.

RAINHA (AO COELHO): — Hm... Eu seria bem-vista por deixar... a garota Alice perdida fazer bolhas?

COELHO: — S-Sim, claro que seria vossa majestade, a mais bem vista do reino todo com certeza!

RAINHA: — Então, talvez minha decisão de colocar as bolhas para bom uso seja mais útil agora. (PARA ALICE) Diga, criança estranha, testaria as bolhas numa batalha contra mim?

ALICE: — Ah, como poderia...

O COELHO PULA NA FRENTE DA ALICE E CORTA SUAS PALAVRAS.

COELHO: — Veja, majestade, a menina mal pensou e já disse sim claramente! Quão louca ela seria, se negasse um nobre ato de uma criatura tão clemente!

RAINHA: — EXCELENTE! (BATE DUAS PALMAS). Súditos, tragam os instrumentos reais de confecção de bolhas!! RÁPIDO!! EU VOU VIGIÁ-LOS BEM DE PERTO!!!

ALICE (PARA O COELHO): — Oh, senhor Coelho, em que enrascada o senhor foi me meter! Eu já disse, não sei como fazer bolhas!

COELHO: — Você disse que as queria, e suponho que não mentia, mas agora não temos mais saída, ou você compete com a rainha, ou vai acabar digamos... dividida. (FAZ SINAL DE CORTAR A CABEÇA).

A RAINHA TERMINA DE SUPERVISIONAR OS SÚDITOS COM AS BACIAS DE BOLHAS ENQUANTO O COELHO CONVERSA COM ALICE. A GAROTA "INTERROMPE" A SUPERVISÃO DA RAINHA COM SUA FALA:

ALICE: — Oh, vossa majestade, sou muito grata pela sua benevolência...

ALICE SE POSICIONA NA FRENTE DA BACIA TRAZIDA PELOS SÚDITOS

RAINHA: — Vamos então, nós duas faremos bolhas e veremos quem faz a maior. Você vai poder aprender porque eu sou uma alma nobre e lhe concederei seu desejo de menina perdida... E eu... PORQUE VOU DOMINAR ESSE REINO TODO COM AS BOLHAS!!! (A RAINHA SE DISTRAI).

ENTRAM POR TRÁS A LEBRE E O CHAPELEIRO, QUE SE ESCONDEM DOS LADOS DO TRONO. ALICE PUXA A ATENÇÃO DA RAINHA VENDO QUE ELES ENTRARAM.

ALICE: — Sim, vossa majestade, com toda a certeza!

RAINHA: — Vamos então... Ah e seja cordial sim? Pode ser uma garota perdida, mas... SE FIZER BOLHAS MAIORES QUE AS MINHAS, CORTO-LHE A CABEÇA!!! Entendeu, querida Alice? (ELA SORRI DE FORMA BEM DOCE).

ALICE: — S-Sim, sim senhora, vossa majestade...

COMEÇAM AS DUAS A FAZER BOLHAS, A RAINHA TENDO DIFICULDADES PARA COMEÇAR COM AS BOLHAS, E ALICE TENTANDO ENTENDER COMO FAZÊ-LAS. UMA BOLHA PEQUENA DE ALICE DÁ CERTO. O COELHO SE DESESPERA POR ELA.

ALICE: — Oh, eu... Eu consigo fazer bolhas!

UM DOS SÚDITOS ESTOURA A BOLHA DE ALICE.

RAINHA: — Pff, veja só, e não é que você é realmente PÉSSIMA com bolhas....

ALICE: — Ora, mas eu tinha conseguido, majestade.

RAINHA: — Sua tolinha, não minta para a Rainha, eu posso ficar MUITO MAGOADA COM VOCÊ!!!

COELHO: — Ah... A menina se confundiu, vossa majestade... vai ver foi coisa da cabeça dela, sabe? Essas jovens abobadas... tem imaginações tão levadas...

RAINHA: — Oh, tão imaginativa ela! Vamos, garota, não temos o dia todo, pare de imaginar coisas e observe enquanto eu lhe demonstro bolhas.

CENA XII – Demonstração de bolhas

A RAINHA FOCA A BACIA DE BOLHAS

RAINHA: — Veja, minha querida, precisa apenas colocar o aro na solução de bolhas e puxar. Preste atenção!

A RAINHA PEGA O ARO COM AS MÃOS E DEPOIS BATE NUM DOS SÚDITOS. O **COELHO** FAZ SINAL PRA LEBRE E O CHAPELEIRO.

ALICE: — Ó, vossa majestade, a senhora tem razão, as bolhas são lindas!! Mas o que é aquilo ali em cima? (APONTA PARA O LADO DA RAINHA, NA DIREÇÃO DO TETO).

RAINHA: — No céu? Onde tem algo no céu, menina, não vejo nada?

ALICE: — Ah não, eu me confundi, majestade.

RAINHA (RISADA MEIGA): — Oh, tolinha, mas que bom que estava atenta, sim? Agora continue.

ALICE: — Hm... Eu testo a solução de bolhas, aí eu checo o vento (CHECA VENTO COM O DEDO). Parece que tudo está certo; agora, eu molho meu aro na solução (COLOCA O ARO PEQUENO NA BACIA, USA O ARO MAIOR ESCONDIDO QUE O CHAPELEIRO DEIXOU) e então delicadamente (MOVIMENTO MUITO DELICADO) Bolhas!! (BOLHA GIGANTE).

RAINHA: — O QUÊ?? COMO PODE?? ELA... ESSA ESTRANHA, ESSA ESQUISITA! ELA FOI ESCOLHIDA COM A BOLHA MAIOR!

PRÓTON: — Oh, uma bolha maior? Numa solução de bolhas??

FÓTON: — As bolhas decidiram!! Finalmente, nós temos uma nova rainha!! Salve a rainha Alice!!

COELHO: — Salve!!!

RAINHA: — COMO OUSAM, SEU BANDO DE INGRATOS! EU ACOLHI VOCÊS COMO MEUS EMPREGADOS!!! SE FUI RAINHA, PORQUE MEUS PAIS GOVERNAVAM, FOI PORQUE EU MERECI!!

ALICE: — Eu?? Rainha?? Não, só pode ser um erro... Eu nunca...

COELHO (PARA ALICE): Não é um erro, vossa majestade, as bolhas claramente lhe julgaram com ligeireza, é então merecedora do título de rainha, dos pés à ponta no nariz, e assume agora a coroa desse lado do país!

RAINHA: — Não.... NÃO... Não pode ser... Perdi meu trono por conta dessas MALDITAS BOLHAS!!!!!

COELHO: — Oh, camponesa, como pode!! Blasfemar as bolhas na presença da rainha!! Dessa você não escapa mesmo que ela seja boazinha!

OS GÊMEOS CARREGAM A RAINHA PARA FORA DO PALCO, ENQUANTO ELA GRITA E ESPERNEIA. AS FLORES SAEM LOGO ATRÁS, DANDO TCHAU PARA O PÚBLICO, COM GRANDES SORRISOS NO ROSTO.

CENA XIII – Final?

ALICE: — Mas... eu nem sei como ser uma rainha...

ENTRAM O GATO E A LAGARTA, ESTA NO PATINETE BARULHENTO.

LAGARTA: — Ora, quem disse que saber é o ponto de ser pra qualquer coisa nesse reino, menina insolente?

GATO: — O ponto de ser rainha é só ser uma boa rainha, e não uma tirana como *CeRtAs PeSsOaS.*

LAGARTA: — Porque, no final, nunca soubes responder minha pergunta, tão simples e direta, um "quem és tu?". Mas é de se esperar minha jovem, afinal você é uma criança.

GATO: — E não precisa ser rainha se não quiser, porque veio aqui pra aprender a fazer bolhas, não foi?

ALICE: — Bom, sim, mas...

LAGARTA: — Então, não há uma perspectiva de onde não esteja com teus objetivos completos, há?

ALICE: — Os senhores não estão errados, mas vejam...

GATO: — Ora, se não estamos errados, está pronta para ser rainha no país das bolhas, Alice?

ALICE: — Eu... Eu acho que...

ENTRA O COELHO, CORRENDO, COM A PLACA DE APLAUSOS, CORTANDO A FALA DA ALICE. CASO HAJA ILUMINAÇÃO, AS LUZES SE APAGAM.

FICHA DAS PERSONAGENS

Gato

Altura: Irrelevante.

Tipo físico: Irrelevante.

Características marcantes: Maquiagem de gato com listras no rosto, em rosa e azul

Óculos? Não.

Acessórios frequentes: Irrelevante.

Estilo de roupa: O gato usa um jaleco colorido com *tie-dye*, ou roupas em outras cores psicodélicas. As calças são obrigatoriamente pretas. O personagem possui um rabo desgrenhado listrado de roxo e azul, assim como garras longas (como referência, os anéis/garras do personagem Evelynn de League of Legends) e uma tiara com orelhas de gato.

Aparência: Desgrenhada e selvagem, tem uma presença forte e colorida, mas com cores escuras.

Jeito de andar: Ondulante, se move como um gato, de maneira suave e sorrateira, se esfrega nos cenários e personagens.

Estilo de fala: Enigmático, mas todas as palavras difíceis são copiadas da lagarta, vocabulário normal.

Ritmo de fala: Lenta e manhosa, mas não arrasta as palavras.

Sotaque forte: Puxa o *r* das palavras como se ronronasse.

Outras informações relevantes sobre a personagem: O gato tem total liberdade de palco, não tem local marcado em nenhuma cena, se movimenta em segundo plano e sorrateiramente, apesar de não descrito no texto. Pode aparecer em qualquer cena, sem falas, passando pelo cenário, sempre observando e fingindo imitar os outros personagens, quando não houver falas, agir como se fosse invisível.

Rainha de copas

Altura: Irrelevante.

Tipo físico: Irrelevante.

Características marcantes: Coração no rosto/bochechas.

Óculos? Não.

Acessórios frequentes: Leque vermelho e coroa.

Estilo de roupa: Vestido vermelho, corset preto com coração vermelho e salto alto ou fantasia pronta da rainha de copas.

Aparência: Bem arrumada, elegante, esnobe.

Jeito de andar: Confiante e arrogante.

Estilo de fala: Formal, incisivo; sempre usa tom de comando e fala alto.

Ritmo de fala: Eloquente.

Sotaque forte? Não.

Outras informações relevantes sobre a personagem: Tem raiva crônica, logo tem muita raiva em suas falas. Algumas coisas, fala com nojo ou parece que rosna; é arrogante e odeia tudo e todos.

Alice

Altura: Preferencialmente a menor pessoa do elenco.

Tipo físico: Irrelevante.

Características marcantes: Irrelevante.

Óculos? Não.

Acessórios frequentes: Faixa preta no cabelo.

Estilo de roupa: Vestido azul com barra até o final dos joelhos, meias brancas.

Aparência: Arrumada, infantil, delicada.

Jeito de andar: Perdido, meio incerto, sempre olhando para os lados.

Estilo de fala: Infantil, um pouco inseguro e questionador.

Ritmo de fala: Rápido.

Sotaque forte? Não.

Outras informações relevantes sobre a personagem: Criança perdida em outro planeta, é curiosa, ao mesmo tempo tem medo, é um pouco sozinha e quer fazer amigos.

Coelho

Altura: Irrelevante.

Tipo físico: Irrelevante.

Características marcantes: Muito ansioso e medroso, sempre agitado, não consegue ficar parado no mesmo lugar.

Óculos? Não.

Acessórios frequentes: Relógio de bolso comicamente grande.

Estilo de roupa: Social com alguns detalhes vermelhos. O figurino é composto por orelhas brancas, um rabinho pom-pom e gravata borboleta em branco ou vermelho.

Aparência: Bem arrumado, alguém que frequenta a corte da rainha.

Jeito de andar: Apressado e agitado, meio saltitante.

Estilo de fala: Formal e cordial, pode gaguejar um pouco.

Ritmo de fala: Rápido e rimado, tem uma certa cadência e sempre entona as últimas palavras da rima.

Sotaque forte? Não.

Outras informações relevantes sobre a personagem: Sempre apressado para chegar ao castelo da rainha, tem muito medo dela e está sempre ansioso para cumprir as missões que ela lhe dá. Sua ansiedade o faz tremer e saltitar por aí o tempo todo, correndo sempre de um lado para o outro.

Dália

Altura: Irrelevante.

Tipo físico: Irrelevante.

Características marcantes: Maquiagem em tons azuis e roxos, envolvendo o rosto (batom, sombra, delineado e blush azuis).

Óculos? Não.

Acessórios frequentes: Nenhum.

Estilo de roupa: Verdes, idealmente, body, leggings e saia de tule da cor roxa ou rosa claro. Pode-se usar também roupas modestas verdes e uma tiara estilo coroa, representando as pétalas de uma dália.

Aparência: Bem arrumada e elegante.

Jeito de andar: Confiante e enérgico.

Estilo de fala: Formal e irônica. Fala alto e de maneira incisiva.

Ritmo de fala: Um pouco lento.

Sotaque forte? Não.

Outras informações relevantes sobre a personagem: Todas as flores exibem algum tipo de delicadeza no andar e entram como se fossem bailarinas.

Rosa

Altura: Irrelevante.

Tipo físico: Irrelevante.

Características marcantes: Maquiagem voltada para tons vermelhos (sombra vermelha, blush vermelho, delineador vermelho, glitter vermelho e batom vermelho).

Óculos? Não.

Acessórios frequentes: Espelho de maquiagem.

Estilo de roupa: Idealmente, body e leggings verdes, e saia de tule da cor vermelha, mas qualquer roupa verde serve, de preferência algo que cubra as pernas inteiras, e a respectiva tiara de pétalas de rosa.

Aparência é: Bem arrumada.

Jeito de andar: Confiante e prepotente.

Estilo de fala: Arrogante e dramática (tenha como referência alguma vilã patricinha de filme adolescente).

Ritmo de fala: Eloquente.

Sotaque forte? Irrelevante.

Outras informações relevantes sobre a personagem: É muito vaidosa, está sempre preocupada com sua aparência, por isso carrega consigo um espelho pequeno para se arrumar; também costuma mexer no cabelo, enrolando-o com os dedos.

Margarida

Altura: Irrelevante.

Tipo físico: Irrelevante.

Características marcantes: Maquiagem amarela, caso necessário usar *pancake* (sombra, blush, batom, delineado e glitter amarelo e dourado, rosto bem iluminado. Tem margaridas desenhadas na bochecha em branco).

Óculos? Não.

Acessórios frequentes: Leque branco ou amarelo, parecido com o da rainha.

Estilo de roupa: Idealmente, body e leggings verdes, e saia de tule da cor branca, porém qualquer roupa verde serve, de preferência algo que cubra braços e pernas, e a respectiva tiara de pétalas da margarida.

Aparência: Bem arrumada.

Jeito de andar: Arrogante e esnobe.

Estilo de fala: Esnobe e escandalosa (tenha por referência uma Karen ou vilã mais velha e arrogante).

Ritmo de fala: Escandaloso e alarmista.

Sotaque forte? Irrelevante.

Outras informações relevantes sobre a personagem: Faz de tudo para agradar a Rainha e quer ser igual ela. Comporta-se como a líder das flores e tende a agir de maneira alarmista para nada sair do padrão da Rainha.

Lebre

Altura: Irrelevante.

Tipo físico: Irrelevante.

Características marcantes: Maquiagem de rosto como a de um coelho, mas manchada de cinza.

Óculos? Sim.

Acessórios frequentes: Orelhas numa tiara (maiores que as do coelho e cinza), chapéu decorado e uma flor colorida na lapela do casaco.

Estilo de roupa: Calça, camisa social e sobretudo colorido, arrumados de forma desajeitada.

Aparência: Desajeitada, como se arrumada às pressas.

Jeito de andar: Rápido e ansioso, mas formal.

Estilo de fala: Rápido, com certa eloquência e formalidade; repete algumas coisas, gagueja e é como se a fala tremesse. O personagem é bastante perdido nos próprios pensamentos, isso se reflete nas falas.

Ritmo de fala: Acelerado, como se tivesse ansioso em falar, atropela algumas coisas que queria dizer.

Sotaque forte? Não.

Outras informações relevantes sobre a personagem: Tem maneirismo refinados, mas seu jeito ansioso e rápido faz com que seja desajeitada em algumas situações.

Proton (gêmeo 1)

Altura: Irrelevante (o mais próximo possível da altura do outro gêmeo).

Tipo físico: Irrelevante.

Características marcantes: Maquiagem de sardas.

Óculos? Não.

Acessórios frequentes: Relógio no pulso esquerdo.

Estilo de roupa: Macacão jeans, camiseta branca e tênis. O figurino pode ser trocado para os gêmeos para qualquer roupa jovial e alegre, desde que o figurino de ambos seja igual ou em cores invertidas.

Aparência é: Casual.

Jeito de andar é: Marchando.

Estilo de fala: Educado e brincalhão.

Ritmo de fala: Normal, não tão rápido e não tão lerdo.

Sotaque forte? Não.

Outras informações relevantes sobre a personagem: Anda junto de seu irmão, fóton. Não mantêm muito contato visual um com o outro, preferem olhar para a plateia ou para outro personagem. Os gêmeos completam suas frases. Outra forma de interpretar esses personagens é falando todas as frases juntas.

Fóton (gêmeo 2)

Altura: Irrelevante (igual ao outro gêmeo 1).

Tipo físico: Irrelevante.

Características marcantes: Maquiagem de sardas.

Óculos? Não.

Acessórios frequentes: Relógio no pulso esquerdo.

Estilo de roupa: Macacão jeans, camiseta branca e tênis. O figurino pode ser trocado para os gêmeos para qualquer roupa jovial e alegre, desde que o figurino de ambos seja igual ou em cores invertidas.

Aparência: Casual.

Jeito de andar: Marchando.

Estilo de fala: Educado.

Ritmo de fala: Normal, não tão rápido e não tão lerdo.

Sotaque forte? Não.

Outras informações relevantes sobre a personagem: Anda junto de seu irmão, próton. Não mantêm muito contato visual um com o outro, preferem olhar para a plateia ou para outro personagem. Os gêmeos completam suas frases. Outra forma de interpretar esses personagens é falando todas as frases juntas.

Chapeleiro maluco

Altura: Irrelevante.

Tipo físico: Irrelevante.

Óculos? Não.

Acessórios frequentes: Cartola decorada e colorida.

Estilo de roupa: Calça preta, jeans preto, blusa social preta e um sobretudo marrom, com bordados brancos nas mangas. Pode-se usar terno completo também, desde que seja colorido e colocado para parecer meio desajeitado (um pouco maior do que deveria, ou com remendos).

Aparência: Elegante.

Jeito de andar: Comicamente chique.

Estilo de fala: Empolgado e com algumas pausas avulsas.

Ritmo de fala: Lento.

Sotaque forte? Não.

Outras informações relevantes sobre a personagem: Jogada de falas combinadas com a lebre quando ouve a palavra "chá". Parece se irritar muito ao ouvir da rainha, fora isso tem um ar alegre, mas meio perdido. Às vezes pode cortar falas no meio como se estivesse perdido na própria realidade.

Lagarta

Altura: Irrelevante.

Tipo físico: Irrelevante.

Características marcantes: Maquiagem de cor azul imitando os segmentos de uma lagarta.

Óculos? Irrelevante.

Acessórios frequentes: Patinete e garrafa com solução que muda de cor (reação de oxirredução).

Estilo de roupa: Coloridas e/ou psicodélicas de cor azul, principalmente.

Aparência: Irrelevante.

Jeito de andar: Lento e arrastado.

Estilo de fala: Pausado, repete muito a palavra "perspectiva" acompanhado de um gesto com sua garrafa.

Ritmo de fala: Lento.

Sotaque forte? Não.

Outras informações relevantes sobre a personagem: Fala de forma lenta e pausada, não termina muitas de suas frases. Suas falas são abstratas; para ela tudo é uma questão de perspectiva.

FICHA DOS EXPERIMENTOS

Experimento 1 – Teste de chamas parte 1

Materiais necessários:

Algodão

Álcool

Tripé

Tela de amianto

Ácido sulfúrico concentrado

Permanganato de potássio

Bastão de vidro

Procedimento para a preparação do experimento: Colocar o algodão no sistema tripé-tela, e molhar com álcool. Molhar o bastão de vidro no ácido, depois passar no permanganato de potássio. Aguardar alguns segundos e colocar o bastão coberto de reagentes em contato com o algodão.

Efeito lúdico observado, relevante para a peça: Ao entrar em contato com o algodão, o bastão pega fogo.

A química presente no experimento: Ocorre no bastão de vidro a seguinte reação: $2KMnO_4 + H_2SO_4 \rightarrow Mn_2O_7 + K_2SO_4 + H_2O$, extremamente exotérmica, suficiente para iniciar a combustão do etanol no algodão.

Sugestão de adaptação do experimento: Caso haja necessidade de substituição, acender um algodão com fonte de fogo é suficiente.

Cuidados necessários: Com o manuseio e armazenamento do ácido sulfúrico.

Experimento 2 – Teste de chamas parte 2

Materiais necessários: potes spray contendo solução alcóolica saturada de sais de metais (sódio, potássio, cobre, manganês etc.)

Procedimento para a preparação do experimento: Espirrar a solução alcoólica dos sais no fogo.

Efeito lúdico observado, relevante para a peça: O fogo muda de cor com cada elemento.

A química presente no experimento: Os elétrons da camada de valência de cada metal são excitados quando fornecidos energia; ao voltar para seu estado menos energético, liberam a energia recebida em forma de luz, e cada elemento possui uma cor característica.

Sugestão de adaptação do experimento: Não há.

Cuidados necessários: Ao manusear soluções alcoólicas perto do fogo, não deixar os sprays próximos do fogo após utilizá-los.

Experimento 3 – Garrafa oscilante

Materiais necessários:
Garrafa de vidro ou plástico transparente
40mL de indicador índigo carmim 0,2%
140mL de solução de hidróxido de sódio 0,6 Mol/L
Solução de glicose

Procedimento para a preparação do experimento: Dissolver 5gramas de glicose em 20mL de água destilada. Adicionar à solução indicadora primeiro na garrafa. Adicionar à solução de hidróxido (a solução deverá ficar verde). Adicionar à solução de glicose (a solução deverá ficar amarelada). Tampar a garrafa e chacoalhar.

Efeito lúdico observado, relevante para a peça: A solução muda de cor, de vermelho para amarelo e, por fim, para verde, retornando ao vermelho quando chacoalhada.

A química presente no experimento: Quando se agita a solução, o oxigênio dentro do balão vai-se dissolvendo. A cor inicial do índigo de carmim é amarela, que, por oxidação com o oxigénio, passa à cor vermelha e depois à cor verde. Quando reage com a glicose em solução, ele oxida a glicose e volta a ficar primeiro vermelho e depois amarelo, enquanto a glicose se transforma na sua forma oxidada.

Sugestão de adaptação do experimento: Pode ser trocado pelo experimento da garrafa, azul que tem um efeito parecido, indo de azul para translúcido.

Cuidados necessários: Ao manusear a soda cáustica tanto na preparação da solução quanto ao transferir. Hidróxido de sódio é uma base forte e pode causar queimaduras na pele.

Experimento 4 – Chá de Limerry

Materiais necessários:
Solução 0,5 Mol/L de Hidróxido de sódio
Solução de ácido sulfúrico 0,5 Mol/L
Béquer de no mínimo 500ml
Indicador azul de bromotimol

Procedimento para a preparação do experimento: Preparar as soluções de ácido e base antecipadamente, elas precisam estar com a mesma molaridade o máximo possível. Apenas misturar no béquer contendo o indicador.

Efeito lúdico observado, relevante para a peça: a solução muda de cor.

A química presente no experimento: Reação de neutralização em presença de indicador ácido-base. O indicador muda de cor conforme o pH da solução vai sendo alterado.

Sugestão de adaptação do experimento: Recomendamos o uso de ácido e base fortes para ter melhor visualização das cores finais dos indicadores. Pode-se utilizar qualquer indicador ácido base que seja colorido tanto em pH ácido quanto básico, apenas mudar o nome do chá para quaisquer sabores que as cores possam representar.

Cuidados necessários: Cuidado ao manusear ácidos e bases fortes.

Experimento 5 – Chá foguete

Materiais necessários:
Água oxigenada P.A
Permanganato de potássio

Procedimento para a preparação do experimento: Fazer uma "trouxinha" de papel com uma ponta de espátula de permanganato de potássio. Colocar no fundo de um Erlenmeyer 100 mL de água oxigenada P.A. Jogar a trouxinha de permanganato dentro.

Efeito lúdico observado, relevante para a peça: libera muita fumaça e vapor de água.

A química presente no experimento: Degradação da água oxigenada. O permanganato funciona como um catalisador forte da degradação da água oxigenada, sendo uma reação muito exotérmica. A fumaça liberada é oxigênio e vapor de água.

Sugestão de adaptação do experimento: Pode-se diluir um pouco a água oxigenada para que a reação seja um pouco menos agressiva. Não é possível utilizar água oxigenada de farmácia ou em creme.

Cuidados necessários: Ao manusear água oxigenada laboratorial, pois é extremamente oxidante e pode causar queimaduras na pele.

Experimento 6 – *Grand finale* (pasta de dentes de elefante)

Materiais necessários:

Proveta

Detergente

Permanganato de potássio

Água oxigenada P.A

Procedimento para a preparação do experimento: Misturar uma ponta de espátula de permanganato com o detergente antes de colocar na proveta. Despejar a mistura na proveta. Despejar por último a água oxigenada.

Efeito lúdico observado, relevante para a peça: Formação de uma coluna de espuma e liberação de fumaça.

A química presente no experimento: Degradação da água oxigenada. O permanganato funciona como um catalisador forte da degradação da água oxigenada, sendo uma reação muito exotérmica. A fumaça liberada é oxigênio e vapor de água, boa parte desse vapor fica preso no detergente, o que causa a formação de uma coluna de espuma.

Sugestão de adaptação do experimento: Pode-se diluir um pouco a água oxigenada para que a reação seja um pouco menos agressiva. Não é possível utilizar água oxigenada de farmácia ou em creme.

Cuidados necessários: muito cuidado ao manusear água oxigenada laboratorial, é extremamente oxidante e pode causar queimaduras na pele.

Experimento 7 – Solução de bolhas gigantes

Materiais necessários:

800mL de água

200mL de detergente

100mL de glucose de milho

Procedimento para a preparação do experimento: Misturar tudo em um recipiente grande

Efeito lúdico observado relevante para a peça: Bolhas de sabão gigantes.

A química presente no experimento: A glucose funciona como um estabilizante do filme de sabão formado pelo detergente, fazendo com que a bolha tenha mais elasticidade e duração.

Sugestão de adaptação do experimento: Em vez da glucose, pode ser utilizado 100g de dextrose, 10g de agar-agar ou 100mL de álcool polivinílico 4%, mantendo as mesmas proporções de água de detergente. Pode haver alterações na durabilidade e consistência da bolha.

Cuidados necessários: Pode manchar chão/mesa de madeira.

OBSERVAÇÕES RELEVANTES

A peça tem o intuito de ser cômica e científica antes de tudo, então, caso haja necessidade de se adicionar ou remover falas, trazer mais explicações dos experimentos ou cientistas, recomendamos que isso seja feito.

Também é incentivado o uso de gírias, maneirismos, piadas regionais, memes e o que mais seja legal de modificar, como a cidade de origem da Alice. Usamos Araraquara, pois é onde o Núcleo Alquimia se localiza, mas pode, e deve, ser modificada para o contexto dos atores.

CAPÍTULO VI

QUÍMICA EM AÇÃO

IQ-TV

João Victor Lopes Barreto
Maryanne Ladeia de Oliveira
Sophia Fernandes Dias de Lima
Henrique Kamantschek Watanabe
Eliane Fleming Oliveira
Gabriel Clem Albuquerque Sasdelli
Ana Carolina Echeguren Campos
Livia Renata Andrade de Lima
Laura Lessinger Checchia
Letícia Garcia Nishiura
Flora Pinheiro Cauli Carvalho

SINOPSE

IQ-TV: um telejornal irreverente e divertido comenta as últimas notícias do dia, sempre apresentando a química de cada matéria. Conta com matérias vindas de vários lugares do planeta, e às vezes até de fora dele. Além disso, conta com informações sobre o tempo e alguns patrocinadores que apresentam produtos únicos.

INFORMAÇÕES SOBRE A PEÇA

Número mínimo de personagens: Vinte e dois.

Tempo: 45 minutos.

Espaço: Palco para os âncoras e o resto do espaço do teatro para as reportagens.

Narrador(a)? Não.

Cenário: Simples.

Sonoplastia: Complexa.

Experimentos: Complexos.

Iluminação: Simples.

Maquiagem: Simples.

Figurino: Simples.

ROTEIRO

CENA I – ABERTURA

ENTRADA DA PLATEIA COM MÚSICA DE FUNDO, MEIA LUZ

ÂNCORAS ESTÃO SENTADOS. PRODUÇÃO VAI ARRUMAR OS ÂNCORAS: MAQUIAGEM E TRAZER PAPELADA. CÂMERA MAN ESTÁ NO SEU POSTO PRONTO PARA FILMAR.

PRODUÇÃO DÁ OK.

VOZ DO ALÉM: — Câmera 1!

CÂMERA MAN: — Confere!

VOZ DO ALÉM: — Câmera 2!

CAMERAMAN CORRE PARA A OUTRA CÂMERA E FAZ SINAL DE JOINHA.

VOZ DO ALÉM: — Câmera 3!

CAMERAMAN OLHA PROS LADOS, VÊ QUE ESTÁ SOZINHO E DÁ DE OMBROS, FAZ OUTRO SINAL DE JOINHA.

VOZ DO ALÉM: — Entrando em 3... 2... 1...

VINHETA CURTA IQ-TV

LUZES SE ACENDEM

ÂNCORA 1: — Olá, boa tarde!

ÂNCORA 2: — Boa tarde!

ÂNCORA 1: — São cinco horas, e as notícias de hoje são...

ÂNCORA 2: — Bunsen denuncia falsificação de lote de whisky.

ÂNCORA 1: — Alquimista é preso sob acusação de charlatanismo.

ÂNCORA 2: — Atleta da USP é pego no exame antidoping.

ÂNCORA 1: — Professor explica o uso da nanotecnologia no tratamento de doenças.

ÂNCORA 2: — Comércio de remédios naturais supera indústrias farmacêuticas.

ÂNCORA 1: — A vida em Marte já é algo possível? Descubra logo mais.

ÂNCORA 2: — Ainda teremos a previsão do tempo, notícias do esporte universitário e uma entrevista exclusiva.

ÂNCORA 1: — Está no ar o IQ-TV.

ABERTURA DO IQ-TV

CENA II – ENTREVISTA COM BUNSEN

ÂNCORA 2: — Bunsen abre o bico e denuncia o carregamento de whisky falsificado. O IQ-TV conseguiu uma entrevista exclusiva na casa dele. É com você, repórter.

Gravação

REPÓRTER ESTÁ ANDANDO NO BANDEJÃO DAS QUÍMICAS, EM DIREÇÃO AO CV E PARA PESSOAS NO CAMINHO

REPÓRTER 1: — Bom dia, âncoras! Estamos aqui para entrevistar Bunsen que, com um novo método, descobriu uma adulteração no whisky! Mas antes vamos perguntar para as pessoas o que elas acham sobre o assunto.

REPÓRTER 1 (PERGUNTA PARA ALGUÉM): — O que você acha sobre adulterar whisky?

(RESPOSTA DA PESSOA)

REPÓRTER 1: — Ok, muito obrigado(a) pela sua opinião!

CHEGA AO CV

REPÓRTER 1: — Agora estamos aqui na casa do senhor Bunsen! Senhor Buns... (VIRA-SE PARA BUNSEN, QUE ESTÁ DORMINDO NO SOFÁ DO CV. FICA MEIO SEM JEITO E VAI ACORDÁ-LO).

REPÓRTER 1: — Errr... Sr. Bunsen? Acorde Sr. Bunsen... Sr. Bunsen? Por favor, acorde.

REPÓRTER 1 (CUTUCA/CHACOALHA O BUNSEN): — ACORDE SR. BUNSEN!!!

BUNSEN (ACORDA ASSUSTADO): — AH! O que você está fazendo na minha casa?

REPÓRTER 1: — Hãn... é uma entrevista, senhor, sobre o whisky falsificado.

BUNSEN (IRRITADO): — Ah... sim, claro...

REPÓRTER 1: — Bem, Sr. Bunsen, como o senhor soube que o whisky era falsificado?

BUNSEN (ESPANTADO COM A PERGUNTA, RESPONDE COMO SE A RESPOSTA FOSSE ÓBVIA): — Ué?! Fui molhar o biscoito, e o bicho ficou azul.

REPÓRTER 1 (SEM JEITO): — Errr... perdão, mas o que isso tem a ver com o fato do whisky ter sido falsificado?

BUNSEN (IMPACIENTE): — Eu molhei o biscoito no whisky e ele ficou azul, veja só... (PARA FACILITAR A VISUALIZAÇÃO DA REAÇÃO) Para qual câmera eu mostro?

REPÓRTER 1: — Para aquela ali (APONTA PARA O FOCO DE LUZ).

REAÇÃO DO BISCOITO AZUL

REPÓRTER 1: — Muito interessante o que aconteceu, mas o que isso tem a ver com o whisky falsificado?

BUNSEN (IMPACIENTE): — Pelo amor de Deus, você não sabe que whisky falsificado tem iodo e que, ao colocar iodo onde tem amido, no caso o biscoito, o amido fica azul?!

REPÓRTER 1 (CURIOSO): — Ah... não.... Mas por que isso acontece?

BUNSEN DÁ O CHAPÉU PARA O REPÓRTER E LHE ARRANCA O MICROFONE. E FALA SÉRIO/IRRITADO.

BUNSEN: — É o seguinte: o amido é um polissacarídeo de cadeia muito grande, formado por moléculas de glicose. Essa cadeia tem a forma de hélice e é justamente por causa dessa forma retorcida que ele "agarra" as moléculas de iodo, formando um "complexo de inclusão" azul muito intenso.

REPÓRTER DÁ O CHAPÉU PARA BUNSEN E LHE ARRANCA O MICROFONE DE VOLTA, IRRITADO PELA AUDÁCIA

REPÓRTER 1: — Agora entendi! A propósito, como surgiu a ideia de molhar o biscoito no whisky?

BUNSEN (EXTREMAMENTE IRRITADO): — É um costume meu comer biscoito com whisky!

REPÓRTER 1: — Ah... sim, claro... Muito obrigado pela explicação Sr. Bunsen, agradecemos muito a sua colaboração! De volta aos estúdios.

Fim da gravação

ÂNCORA 2: — Obrigada! Muito interessante como um costume inusitado pode revelar um esquema completo de falsificação.

CENA III – PRISÃO DA ALQUIMISTA

ÂNCORA 1: — E diretamente da delegacia, onde uma alquimista é detida pela acusação de charlatanismo. Repórter, nos conta mais sobre essa história.

REPÓRTER SAINDO DO B6, INDO EM DIREÇÃO AO CORREDOR DO IQ, ATRÁS DA DELEGADA, QUE CARREGA A SACOLA APREENDIDA, E DA ALQUIMISTA QUE ESTÃO ENTRANDO.

GRAVAÇÃO

REPÓRTER 2: — Estamos aqui na delegacia de polícia com a delegada Vera Valência, que acabou de prender uma alquimista que estava aplicando golpes por toda a cidade. Delegada, o que essa alquimista fez de tão grave?

DELEGADA: — Ora, a sujeita dizia-se capaz de fazer mágicas. Ela vendia produtos que dizia serem mágicos, como pó que pega fogo e outras bobagens.

REPÓRTER 2: — Mas como o povo acreditava nessas coisas?

DELEGADA: — Ela sabia ser bem convincente. Eu vou mandá-la fazer uma daquelas mágicas... (CHAMANDO ALQUIMISTA) Hei... ô malandra! Faz uma magicazinha para a repórter poder ver.

ALQUIMISTA (COM SORRISO CÍNICO): — Com prazer! Senhora Repórter... contemple: o pó da combustão (EM UMA MESA NO IQ, ONDE ESTÃO AS COISAS APREENDIDAS DA ALQUIMISTA).

REAÇÃO DA GLICERINA (FOGO ROXO)

REPÓRTER 2 (IMPRESSIONADA): Ô meu Deus!!! Ela é boa mesmo!!! Senhora delegada, ela é mágica de verdade!

DELEGADA: — Ela não é mágica coisa nenhuma! Tudo que ela fez foi uma reação de oxidação altamente exotérmica. O pó era $KMnO4$ e o líquido, a glicerina, a mesma dos sabonetes. O $KMnO_4$ é um forte agente oxidante e, em contato com a glicerina, a oxida, liberando calor.

ALQUIMISTA: — Muito bem, senhora da autoridade. Nessa você me pegou. Mas agora seus olhos irão se maravilhar com o que tenho aqui. Antes precisarei da ajuda da minha querida repórter. (FALANDO COM A REPÓRTER) Preciso que você inspire e expire profundamente... Agora pense em algo muito feliz e, quando for expirar novamente, assopre dentro deste frasco.

REAÇÃO ASSOPRA

REPÓRTER 2 (ESPANTADA COM A REAÇÃO): — Desculpa dizer, senhora delegada, mas ela é muito boa mesmo.

DELEGADA: — Você acredita em qualquer coisa que vê mesmo, né? Ela não fez nenhuma mágica e posso provar. (FALANDO CONSIGO MESMO) Deixe-me ver... um líquido que muda de cor com o ar... (PENSANDO UM POUCO) Mas é claro, gás carbônico! Cara repórter, tudo o que ela fez foi usar uma solução básica, provavelmente uma base fraca, com um indicador de pH, acredito que o indicador universal mesmo. Assim, quando você mandou "involuntariamente" gás carbônico para o frasco, ele reagiu com a água produzindo ácido carbônico, que alterou o pH do sistema e mudou a cor.

ALQUIMISTA (SORRISO CÍNICO, FALANDO CONSIGO MESMO): — Não entendo como uma delegada entende tanto de química... Senhora delegada, proponho que conversemos em particular.

DELEGADA (IRRITADA): — Que conversa em particular que nada! Você tá em cana cidadã! Vambora! (EMPURRANDO A ALQUIMISTA PARA FORA DO PALCO)

REPÓRTER 2: — Senhora delegada, pode deixá-la aqui mais um pouco? Eu gostaria de fazer uma entrevista sobre a vida dela, quem sabe mais alguma mágica, audiência sabe...

DELEGADA: — Tá bom, mas seja rápida!

CHAMADO DA DELEGACIA

DELEGADA: — Vou atender esse chamado. (SAINDO DE CENA, GRITA) Alguém cuida daquela meliante pra ela não fugir!

ALQUIMISTA (MISTERIOSA): — Já que a delegada não aceitou minha proposta, será que a senhora gostaria de conversar em particular?

REPÓRTER FAZ SINAL PARA CORTAREM A TRANSMISSÃO, CÂMERA APONTA PRO CHÃO

TELA PRETA

FIM DA GRAVAÇÃO

ÂNCORA 1: — Estamos enfrentando alguns problemas técnicos no momento e perdemos contato com nossa repórter. Vamos seguir com a nossa programaç... (INTERROMPIDO).

GRAVAÇÃO

CÂMERA FOCADA NO CHÃO, MESMO LUGAR ONDE ACABOU O ÚLTIMO VÍDEO, FOCA A CONVERSA DA REPÓRTER COM A ALQUIMISTA

REPÓRTER 2: — Sociedade?!

ALQUIMISTA: — Isso mesmo! Uma fábrica de polímeros!

REPÓRTER 2: — Ah... que interessante! Mas o que são polímeros?

ALQUIMISTA: — Eu te mostro.

REAÇÃO DO SLIME

ALQUIMISTA: — Plásticos e borrachas são polímeros. Podemos fazer pneus, rodas de skate, pranchas de surf, bexigas. (TENTANDO CONVENCER COM TODA LÁBIA)

REPÓRTER 2: — Hum... isso muito me interessa...

ALQUIMISTA: — Como não vou ficar aqui muito tempo mesmo, vou te dar meu telefone para contato e conversamos melhor.

REPÓRTER 2 (PERCEBE QUE ESTAVA SENDO FILMADA O TEMPO TODO. (ENCABULADA): — Errr... bem... voltamos aos estúdios...

FIM DA GRAVAÇÃO

ÂNCORA 1 (SEM GRAÇA): Aaah... Mágicas ou não, foram realmente muito interessantes essas demonstrações.

CENA IV – IQ ESPORTE

ÂNCORA 2: — Agora, trazemos nossa especialista em esportes, Penny Schmidt, para nos contar algumas novidades sobre o esporte universitário. Boa tarde, Penny!

COMENTATRISTA DE ESPORTES: — Bem-vindos de volta ao quadro IQ-Esportes! Vamos cobrir a Copa em Cena, que tá rolando lá em Mossoró! Várias modalidades estão ocorrendo, dentre elas, o lançamento de tubos de ensaio em que o grupo Flogisto levou a medalha de ouro.

Agora a escalada de baobás teve uma disputa acirrada, casca a casca, entre os times Seara e Química em Ação, que foram de forma fanática ao topo das árvores. Mas a ação do grupo de São Paulo levou vantagem, sob os olhares curiosos das Emas que observavam as árvores.

Semana que vem rolará muita alquimia entre os times Ouroboros e GTC, para ver quem conseguirá cruzar a linha de chegada nesta competição. A corrida ocorrerá nos campos da Vila Oeste, com direito à comemoração com coquetéis pelo Bar do Científico. Continuaremos acompanhando as próximas rodadas aqui pelo IQ-TV.

PAUSA

COMENTATRISTA DE ESPORTES: — E uma notícia chocante, uma aluna da faculdade de ciências farmacêuticas é pega no exame anti-doping. Nossa correspondente (NOME DO REPÓRTER) conta-nos mais sobre o ocorrido.

Gravação

REPÓRTER 3: — Estamos aqui no Centro de Práticas Esportivas da Universidade de São Paulo e vamos falar com a aluna que foi acusada de consumir substâncias ilícitas antes das competições, para saber o que ela tem a declarar. (DIRIGINDO-SE À ATLETA) Como você explica a presença de rodamina na sua urina?

ATLETA (PERDIDA): Hã... roda... O quê?

REPÓRTER 3: — Rodamina, a substância que brilha.

ATLETA: — Ah... não sei do que você está falando... Sou inocente! Não fiz nada que contribuísse para ser desclassificada.

REPÓRTER 3: — Então, aparentemente, você não ingeriu essa substância conscientemente?

VÍTIMA BALANÇA A CABEÇA NEGATIVAMENTE

REPÓRTER 3: — Mas você se lembra de ter bebido algo que possa ter causado essa alteração?

ATLETA (PENSATIVA, MAS MANTÉM A VOZ NORMAL PARA FALAR): Ah... Cerveja?! Não! Tequila?! Não! Ah... Paratudo?! Pode ser... Ah... já sei... Suco do bandejão!

REPÓRTER 3: — O quê? Mas isso é uma acusação seríssima! Você tem certeza que o suco do bandejão continha essa substância cancerígena?

ATLETA: — Não!

REPÓRTER 3 (CÍNICO): — Ok, muito obrigada! Para tirar a prova real dessa terrível denúncia, estamos aqui, prontamente, com um(a) especialista em química esportiva para analisar o suco do bandejão.

ESPECIALISTA: — Temos aqui duas amostras, uma contendo o suco do bandejão e outra contendo urina contaminada da participante. Para iniciar nossa análise, vamos diluir as amostras, o que vai facilitar a visualização.

REPÓRTER 3 (IRÔNICO): Cativante...

ESPECIALISTA (IMPACIENTE): — Espere um pouco! (GRITANDO PARA O ALÉM) Luzes, por favor!

APAGAM AS LUZES E ACENDE-SE A LANTERNA COM A LUZ NEGRA

SABRE DE LUZ

ESPECIALISTA: — Como podem ver, as duas amostras brilham. Isso acontece porque a rodamina é uma substância fluorescente, cuja energia de excitação do elétron encontra-se na frequência do ultravioleta. Com isso, quando incidimos luz essa luz negra, os elétrons são excitados e passam para um nível mais energético. Por serem instáveis, eles retornam liberando essa energia em forma de luz.

REPÓRTER 3 (PERDIDO COM A FALA DO ESPECIALISTA, FALA DE FORMA GRANDILOQUENTE): — Ô Meu Deus! Isso é uma vergonha! Brasil, temos aqui uma denúncia seríssima sobre o suco do bandejão. (Dirigindo-se à atleta) Como você se sente sendo sabotada e denunciada sem ter culpa?

ATLETA (FASCINADA COM O RESULTADO DO TESTE): — Nossa... que da hora! Meu mijo brilha!

REPÓRTER 3 (IGNORANDO A ATLETA, FALA COM A MÃO NO OUVIDO, COMO SE ESTIVESSE USANDO UM FONE DE COMUNICAÇÃO COM O ESTÚDIO): — Esperem um momento... Acaba de chegar aqui no meu ponto que conseguimos uma entrevista exclusiva com uma testemunha que talvez possa nos dar maiores informações sobre esse caso.

ATLETA SE AFASTA DO FOCO DA CENA, REPÓRTER SE DESLOCA PARA PERTO DA TESTEMUNHA.

REPÓRTER 3: — A identidade da nossa testemunha será mantida em sigilo para garantir sua integridade física. Por favor, conte-nos o que você sabe!

TESTEMUNHA (COM A VOZ MUITO FINA E UM BALÃO CHEIO NA MÃO): — Então... como eu contei para a produção, eu vi...

REPÓRTER 3: — Mas espere! (INTERROMPENDO A TESTEMUNHA) Você já está de costas, qual é a necessidade desse balão de hélio?

TESTEMUNHA (TOSSINDO): — Ok. (TOSSINDO NOVAMENTE, AGORA COM A VOZ NORMAL) Como eu estava dizendo, vi alguém colocando uma substância brilhante naquelas maquininhas do bandejão onde os alunos pegam o suco.

REPÓRTER 3 (GRITANDO): — Mas isso é terrível! (TOM DE VOZ NORMAL) E como era essa pessoa? Homem? Mulher? Altura? Estava com a camiseta de algum curso?

TESTEMUNHA: — Não sei! A pessoa estava de costas, só sei que era uma mulher. Talvez nem tenha sido a competidora desclassificada.

REPÓRTER 3: — Ah... (UM POUCO DECEPCIONADO) Ok, então. Muito obrigada pelas suas informações! Gostaríamos de solicitar às autoridades responsáveis que apurem adequadamente esse caso, porque uma atleta ser desclassificada injustamente é algo (EXCLAMA) VERGONHOSO. De volta aos estúdios.

Fim da gravação

FOCO NA COMENTARISTA

COMENTATRISTA DE ESPORTES: — Realmente uma denúncia muito séria. Será que os fatos serão apurados? O jeito agora é esperar.

ÂNCORA 2: — Muito obrigada pelas notícias, Eliane! Seguimos com uma entrevista exclusiva.

CENA V – NANOTECNOLOGIA

ÂNCORA 1: — No ambiente acadêmico, nossa correspondente Suelen vai nos contar mais sobre o uso de nanotecnologia, associada à prata, no tratamento de doenças. É com você, Suelen!

Gravação

REPÓRTER 4: — Estamos aqui na Universidade de Microcoisas para falar com uma cientista especialista sobre a virose que está assolando a região.

CIENTISTA: — Na verdade, eu acho que houve algum engano, pois fui informada que falaria a respeito da minha pesquisa, que trabalha com bactérias e nanopartículas. Nada relacionado a viroses.

REPÓRTER 4: — Ah... mas bactérias, viroses, nanopartículas, são tudo coisas pequenininhas que fazem mal. Você tem certeza que não tem nada a declarar sobre viroses?

CIENTISTA: — Tenho sim, mas é sobre a sua fala. O fato de se tratar de microrganismos, como bactérias, ou de se relacionar com o micro, como acontece com as nanopartículas, não quer dizer que são prejudiciais. Tem bactérias que são essenciais à saúde, é o caso da nossa flora intestinal, que...

REPÓRTER 4 (CORTANDO O CIENTISTA): — Ah... então você poderá falar sobre a bactéria que está assolando a região? Conte-nos mais o que pode ser feito para evitar essa contaminação!

CIENTISTA: — Sobre uma possível contaminação, quem poderia apresentar mais informações seria a vigilância sanitária, talvez vocês possam entrar em contato. Eu também não tenho nada a declarar sobre bactérias avassaladoras, mas sobre a minha pesquisa posso falar muita coisa, posso?

REPÓRTER 4 (CORTANDO O CIENTISTA): — Com toda certeza! Principalmente se sua declaração estiver relacionada com essa virose terrível...

CIENTISTA: — Como eu estava falando, minha pesquisa busca desenvolver nanopartículas que tenham a propriedade de atuar como antibactericida. Em caso de possíveis proliferações de doenças de origem bacteriana, essas nanopartículas poderiam ser usadas como agentes preventivos, contendo essa disseminação.

REPÓRTER 4 (INCRÉDULO): — Então, quer dizer que, caso a cidade seja de fato assolada com uma pandemia, a população estará sujeita a um tratamento em fase de testes? Isso não seria preocupante?

CIENTISTA: — Eu sinceramente acho que essa entrevista não está atingindo o propósito do qual fui informada. Mas, não. Não concordo que isso seja prejudicial, qualquer remédio, antes de ser comercializado, passa por uma fase de testes. Isso mantém um controle de qualidade, o que ajuda a impedir que produtos amplamente comercializados acabem por prejudicar as pessoas ao invés de...

REPÓRTER 4 (CORTANDO A CIENTISTA): — Certo, professora. Muito obrigado pela sua entrevista, já temos o material necessário para a matéria, sendo assim encerro essa transmissão, mas antes, gostaria de dar um aviso a todos os telespectadores... (DIRIGINDO-SE À CÂMERA) Aviso a todos que tomem cuidado e evitem ingerir alimentos e água de procedência duvidosa, afinal nossos pesquisadores têm se mostrado relutantes em desenvolver um tratamento eficaz para a população. De volta aos estúdios.

Fim da gravação

ÂNCORA 1: — De fato, uma situação muito delicada, mas fui contemplado com a recomendação da nossa repórter. Muito obrigado, Suelen!

CENA VI – COMERCIAL: CHÁ DO PENSAMENTO

ÂNCORA 2: — Agora, uma pausa para um momento dos nossos patrocinadores.

VINHETA CURTA IQ-TV

GRAVAÇÃO

ENTRA UMA PESSOA CARREGANDO VÁRIOS LIVROS E SE SENTA, APARÊNCIA COMPLETAMENTE EXAUSTA, SAI O ANUNCIANTE DEBAIXO DA MESA.

ANUNCIANTE: — Acabou de ter uma semana de provas e está totalmente esgotado? Terminou uma prova extremamente longa, como o vestibular? Sente-se como se seu cérebro o tivesse abandonado? Não consegue nem mais pensar direito?

PESSOA SENTADA NA MESA AO LADO DOS LIVROS COM CARA DE TRISTE

ANUNCIANTE: — Você, querido(a), está com uma cara de quem está esgotado de tanto estudar. Posso te fazer algumas perguntas?

PESSOA SENTADA APENAS CONCORDA COM A CABEÇA

ANUNCIANTE: — Quantas cores tem o arco-íris?

ESTUDANTE (PENSANDO): Seis? Não! Oito?!

ANUNCIANTE: — Coitadinho(a)... Vamos tentar de novo? Quanto é 2 x 4

ESTUDANTE: — Ah... fácil! Nove! Não... esper...

ANUNCIANTE (ENQUANTO FALA SE DESLOCA PARA TRÁS DA MESA): — Meu Deus! Seu caso é grave, mas não se preocupe, tenho algo que pode te ajudar. (PEGA UMA BANDEJA DEBAIXO DA MESA, COM TRÊS COPOS, DOIS COM LÍQUIDOS COLORIDOS, E OS MISTURA EM UM TERCEIRO COPO QUE ESTAVA VAZIO, EM SEGUIDA PÕE UM EFERVESCENTE DENTRO)

MÚSICA ENQUANTO PREPARA O CHÁ

ANUNCIANTE: — O mais novo "Cháááá do Pensamentoooo" (MOSTRA O LÍQUIDO COLORIDO E ESPUMANDO PARA O PÚBLICO). Esse tônico energizante tem a capacidade de restaurar os neurônios degradados durante uma prova ou um longo período de estudo. Vamos... experimente um pouco! (OFERECE UM COPO O ESTUDANTE)

ESTUDANTE PEGA O COPO, DESCONFIADO(A), E BEBE O LÍQUIDO.

ANUNCIANTE: — Agora vamos tentar novamente... quanto é 9 x 8?

ESTUDANTE: — 72!

ANUNCIANTE: — Muito bem! E qual a capital da França?

ESTUDANTE: — Paris! (CARA DE TOTAL FELICIDADE)

ANUNCIANTE: — Excelente! (VIRA PARA O PÚBLICO) Viram só!? Funciona mesmo! Compre já o seu. Se você ligar agora mesmo, na compra de frasco, levará o segundo *totaaaalmenteee* de graça. E apenas os primeiros 157 que ligarem agora levarão de brinde um exclusivo globo de neve para enfeitar sua sala de estudos. Ligue já! Efeito instantâneo ou seu dinheiro de volta.

Fim da gravação

CENA VII – COMERCIAL: VANISH

GRAVAÇÃO

CASAL ENTRA COM AS TAÇAS NA MÃO E SE SE SENTA À MESA

MÚSICA ROMÂNTICA

MULHER 1 (ROMÂNTICA): — Ai, amor, que bom que você veio!

MULHER 2 (ROMÂNTICA): — Meu amor, eu já disse que amo quando você faz essa comidinha caseira pra mim?

MULHER 1: — Ah... Imagine... Você sabe que eu adoro sua companhia... Que tal um brinde a nós?

MULHER 2: — Claro querida!

FAZEM O BRINDE, E A MULHER 2 DERRUBA VINHO NA CAMISETA DA MULHER 1

Música para

MULHER 1 (IRRITADA): — O que você fez? Olha o estado da minha blusa!

MULHER 2 (CULPADA): — Ai meu Deus! Me desculpa! Foi sem quer...

VANISH SAI DE DEBAIXO DA MESA GRITANDO

VANISH: — Problemas com manchas? (COLOCA MICROFONE NA DIREÇÃO DA MULHER 1)

MULHER 1: — É claro! Você não está vendo?

MULHER 2 (EXTREMAMENTE IRRITADA): — O que você está fazendo aqui em casa?

VANISH (IGNORANDO A PERGUNTA): — Eu tenho a solução pra você!

MULHER 2: — Como você entrou? A porta está trancada.

MULHER 1 (FALANDO PARA A MULHER 2): — Querida, fica aqui, por favor! (EMPURRA ELA PARA O CANTO). (FALANDO PARA A VANISH) Conte-me mais!

REAÇÃO VANISH - PODER O2

VANISH (FALANDO DE FORMA SENSACIONALISTA, MOSTRA AS DUAS CUBAS): — Temos aqui uma cuba com o produto do concorrente e outra com o maravilhoso Sangue do Diabo poder O2. Agora vou derrubar um pouco de vinho nesses dois panos, em seguida vamos comparar os dois produtos. Olhem a do concorrente! Que vergonha, criou mais manchas! E agora no Sangue do Diabo poder O2... olha só... ficou limpinho!

MULHER 1 (FASCINADA): — Uau... funciona mesmo!

VANISH: — Sangue do Diabo poder O2, compre já o seu!

Fim da gravação

CENA VIII – Remédios

VINHETA CURTA IQ-TV

ÂNCORA 1: — Estamos de volta com o IQ-TV. Não é apenas a tecnologia que está em constante mudança, nossa economia também. Um recente levantamento sobre a venda de fármacos mostrou que uma grande indústria farmacêutica está tendo prejuízos. Nossa correspondente vai contar em maiores detalhes essa história.

GRAVAÇÃO

REPÓRTER 5: — Isso mesmo âncora, no início do mês, a pesquisa "Por essa você não esperava" publicou um artigo sobre o aumento das vendas de fármacos. Essa pesquisa mostra um crescente aumento no número de remédios vendidos sem prescrição médica, e o primeiro lugar responsável por essas vendas não foi nenhuma indústria mundialmente conhecida, mas sim a senhora que está aqui comigo. Ela é uma espécie de curandeira aqui da cidade. A senhora gostaria de nos explicar como suas vendas cresceram tanto? Qual sua forma de publicidade?

CURANDEIRA (FALA PAUSADAMENTE, SEM PRESSA): — Nossa moça... que palavra difícil essa né?! Pu-bli-ci-da-de... sei de nada disso não. O que me deixou tão conhecida foi o boca a boca de sempre. Vem alguém aqui com dor de cabeça, eu dou um chazinho, a dor passa, ele conta pro vizinho, daí, quando o vizinho tem uma dor de barriga, bate aqui também. Só isso moça. (se lembra de algo importante) Sem falar que é tudo natural, as pessoas de hoje gostam dessas coisas.

REPÓRTER 5: — Ah... (DESCONCERTADA) certo... é uma forma garantida de sucesso pelo jeito. Então a senhora pode nos contar um pouco sobre a sua formação acadêmica? Quando começou a desenvolver fármacos?

CURANDEIRA (PAUSADAMENTE, SEM PRESSA): — Mas que moça que gosta de falar difícil! Meu Deus do Céu! Que formação o que, moça! eu fiz até a quarta série, sei ler e escrever, parou aí. Os chás que eu faço são tudo coisas que minha avó ensinou pra mim. E ela aprendeu com a avó dela e assim foi.

REPÓRTER 5: — Conhecimento passado de geração a geração, certo. Tradição é um dos seus segredos para o sucesso. E onde a senhora busca a matéria-prima dos seus fármacos?

CURANDEIRA (PAUSADAMENTE, SEM PRESSA): — Matéria-prima? Você sabe que chá a gente faz com planta, né? E que planta nasce em todo lugar? Então... o que eu não tenho no meu jardim busco no do vizinho, simples.

REPÓRTER 5: — Cultivo coletivo, uma boa proposta. Acho que fica a dica para as grandes indústrias... Por falar em grandes indústrias, como a senhora se sente em saber que desbancou uma grande indústria farmacêutica com a sua venda caseira?

CURANDEIRA (PAUSADAMENTE, SEM PRESSA): — Gente do céu! Eu vendi tudo isso? Tudo bem que minha casinha tá mais bonita, e até comprei um frango grandão pro Natal que passou, mas eu não achei que tivesse feito tanto sucesso...

REPÓRTER 5: — Para encerrar nossa matéria, quais são os investimentos que a senhora pretende fazer para se manter no topo das vendas no próximo ano?

CURANDEIRA (PAUSADAMENTE, SEM PRESSA): — Olha moça... (PENSATIVA) pretendo fazer nada de diferente não... talvez comprar um colchão maior pra guardar meu dinheirinho...

REPÓRTER 5: — Agradeço a entrevista, senhora. (PARA O PÚBLICO) De acordo com a pesquisa, hoje em dia, as pessoas têm estado mais confiantes em produções caseiras, ou chamadas de forma equívoca, é claro, de produções naturais, do que nas feitas em grandes laboratórios, (DEBOCHANDO) como se isso garantisse ou tornasse algo mais saudável. (EMPOLGADO) Maaaas... se você tem um negócio próprio, está na hora de investir nele. É com você, âncora!

Fim da gravação

ÂNCORA 1: — Depois dessa notícia, até eu estou pensando em mudar de ares. Brincadeiras à parte...

CENA IX – COMERCIAL: METEOROLOGIA

ÂNCORA 2: — Está na hora da meteorologia, é com você!
FOCO DO OUTRO LADO DA MESA

METEOROLOGISTA (FALA DE FORMA ANIMADA): Olá, âncora! Como vai?! Estamos aqui hoje para contar ao público como está o clima em São José das Químicas, cidade famosa pelas universidades. (CADA FALA APONTA PARA UM LOCAL DIFERENTE DO MAPA)

METEOROLOGISTA: — No Monte da Química Computacional, o clima é, como sempre, estável e ameno, podendo ocorrer rápidas tempestades de bugs.

No Vale da Físico-Química, a ocorrência de espectros na região de UV estará alta.

No Acampamento Meio-Aluno, haverá uma forte demanda de provas, podendo ocasionar precipitações de alto teor salino.

No Deserto da Inorgânica, formação contínua e intermitente de complexos chuvosos.

Na Floresta Orgânica, a prevalência é de reações do tipo E2, onde a esperança é eliminada sem intermediários. E a previsão é de adição no número de reprovações.

Quanto à Reserva Ambiental da Bioquímica, contamos com grandes amplitudes térmicas, que vão do -80°C ao 25°C, devido à alta concentração de freezers potentes na região.

Por fim, no Platô da Analítica, o equilíbrio entre as vidrarias e os alunos continua deslocado no sentido da formação de cacos de vidro. Ainda não sabemos o que está por trás desse fenômeno.

FOCO DO OUTRO LADO DA MESA
ÂNCORA 2: — Muito obrigada! Agora já sabemos quando devemos levar guarda-chuvas, aventais, óculos de proteção ou algum outro EPI, podemos sair de casa despreocupados.

CENA X – VIDA EM MARTE

ÂNCORA 1: — Agora, uma matéria jamais vista em qualquer outro jornal! Temos uma correspondente estrangeira, ou melhor, interplanetária, que tem informações chocantes diretamente de Marte! Pedimos desculpas por falhas ou intervalos durante a transmissão, vale lembrar que a distância é considerável. Pode nos contar mais sobre essa pesquisa, repórter.

Gravação

REPÓRTER 6 (DEMORA ALGUNS INSTANTES PARA RESPONDER): — Isso mesmo, âncora, estou aqui com um cientista que vai nos explicar melhor como estão sendo feitos os preparativos que darão início à colonização de Marte...

CIENTISTA: — Oi? Não! Do que você está falando? O que dissemos é que foram encontrados vestígios que podem comprovar a vida aqui em Marte. Essa conclusão veio das amostras com compostos orgânicos encontrados aqui nesse lago por meio do uso de sondas que...

REPÓRTER 6: — Então essas substâncias orgânicas podem ser utilizadas para suprir a demanda de alimentação decorrente do processo de colonização? É isso que você está dizendo?

CIENTISTA: — Não! Elas não podem ser consumidas! Estou dizendo que esses compostos orgânicos são as combinações primitivas que permitem geram a vida, eles se agrupam formando aminoácidos e proteínas, que, por sua vez, podem dar origem aos coacervados. Acredita-se ser a forma inicial da vida, porque sua estrutura antecede as estruturas celulares que conhecemos.

REPÓRTER 6: — Uma curiosidade... Esses micro-organismos encontrados são prejudiciais aos seres humanos? Eles deverão ser retirados ou extintos antes da vinda do ser humano para cá ou podemos conviver tranquilamente com eles?

CIENTISTA: — Mas nós não encontramos nenhuma forma de vida aqui. As únicas formas de vida que têm aqui são a equipe de pesquisa e de filmagem. Caso estejamos certos, podemos tentar adicionar micro-organismos aqui em Marte, e eles, em contato com esses compostos orgânicos, podem vir a se desenvolver.

REPÓRTER 6: — Muito obrigado! (DIRIGE-SE À CÂMERA) Encerramos aqui nossa transmissão, devido ao racionamento de O2, porém vocês puderam ver que já foi dado início ao projeto de colonização, resta saber quais serão as cobranças feitas que famílias inteiras possam se mudar para cá. Vale lembrar que a viagem não dura mais 504 dias, e sim apenas 35, consulte a agência de viagens mais próxima. É com você âncora!

Fim da gravação

ÂNCORA 1: — Uau! Os tempos estão mudando... Marte... Quem diria!?

CENA XI – ENTREVISTA COM Q&A

ÂNCORA 2: — Diretamente da Universidade de São Paulo, estudantes do Instituto de Química dão continuidade ao grupo de teatro "Química em Ação". (SAI DA SUA CADEIRA E SE DESLOCA PARA O OUTRO LADO DO PALCO) Estamos aqui com um aluno do IQ-USP que participa do grupo para nos contar mais sobre como ele funciona. (FALANDO COM O ALUNO) Boa tarde, seja bem-vindo aos nossos estúdios! Como você se chama?

ALUNO(A): — (NOME DO ALUNO, MEMBRO DO GRUPO)

ÂNCORA 2: — Você poderia contar para nós e para os telespectadores sobre o grupo?

ALUNO(A): — Claro! Com prazer. Tudo começou com o professor José Atílio Vanin, ainda na época como graduando do IQ-USP. Ele sempre se interessou por reações que fossem bastante visuais, então juntou uma série delas para poder apresentar e assim ensinar Química de uma forma diferente. Em 1984, um grupo de estudantes se interessou pela ideia e formaram o grupo. Nossa estreia aconteceu em 1985, no "Dia de Portas Abertas" do Instituto.

ÂNCORA 2: — E vocês sempre apresentam o mesmo show?

ALUNO(A): — Não. Atualmente possuímos três espetáculos diferentes, que são apresentados de acordo com o público e o local.

ÂNCORA 2: — Que interessante! E como acontece a produção desses espetáculos?

ALUNO(A): — Primeiro pensamos em uma história, um enredo bacana. Depois procuramos reações que sejam boas para a visualização do público e testamos para ver se tudo vai dar certo. Por fim, juntamos tudo, casando o enredo com a parte experimental.

ÂNCORA 2: — Realmente muito interessante. Já que você falou tanto dessas reações visuais, você não teria alguma a tiracolo para nos mostrar?

ALUNO(A): — Claro! Sempre carrego uma bandeja de reagentes comigo. (Pega a bandeja embaixo da mesa e apresenta os reagentes, sais sólidos)

ÂNCORA 2: — Nossa! Que bonito! (ESTICANDO A MÃO PARA PEGAR) O que é isso?

ALUNO(A) (ENÉRGICO): — Não! Nada de botar a mão! Sim, concordo que essas soluções são bonitas, mas são reagentes químicos, você não pode colocar a mão assim.

ÂNCORA 2 (SEM JEITO): — Ah, sim... Claro...

ALUNO(A): — Temos aqui várias soluções aquosas de sais coloridos. Vou borrifar cada solução no fogo e quero que você olhe atentamente para o que vai acontecer.

TESTE DE CHAMA

ALUNO(A): — Como você pode ver, a cor da chama muda conforme eu borrifo soluções diferentes nela. O que acontece é que, quando é fornecida energia ao sistema, através do fogo, os elétrons da camada de valência dos átomos que compõem o sal saem do nível de energia que estão e atingem um nível mais energético. Porém, esse lugar mais energético não é muito estável, e os elétrons retornam ao seu local de origem, quando fazem isso emitem luz, que nós podemos ver na cor da chama.

A emissão é característica de cada elemento, por isso as cores variam de acordo com o elemento que está sendo borrifado. (Borrifa cada solução enquanto fala) O sódio emite uma luz amarelada, potássio lilás/roxo, cobre verde, bário...

ÂNCORA 2: — Que legal! Você teria mais alguma?

ALUNO(A): — Tenho sim! Aqui, observe que essa garrafa tem uma solução incolor. Agite-a pra ver o que acontece. Como ela está fechada, não vai ter nenhum grande problema de segurança.

REAÇÃO GARRAFA AZUL

ALUNO(A): — A solução muda para azul. Aqui temos um corante, azul de metileno e glicose. Acontece uma reação em que o corante é reduzido pela glicose e perde sua coloração, por isso a solução inicial é azul. Ao agitar a garrafa, o oxigênio presente no ar entra em contato com a solução e oxida o corante para sua forma colorida. Agora deixe a garrafa em repouso. A glicose novamente vai reduzir o corante, e a solução volta a ser incolor.

ÂNCORA 2: — Sem dúvidas, muito interessante! Bom... gostaria de agradecer a sua participação!

ALUNO(A): — Foi um prazer.

ÂNCORA 2: — Muito obrigado(a)! Até a próxima!

ALUNO ACENA PARA O PÚBLICO E SE RETIRA.

ÂNCORA VOLTA PARA O SEU LUGAR.

CENA XII: ENCERRAMENTO

ÂNCORA 1: — Com essa entrevista, encerramos a edição de hoje. O IQ-TV agradece a audiência. Uma boa noite!

ÂNCORA 2: — Boa noite!

ENCERRAMENTO IQ-TV

LUZES SE APAGAM

FICHA DAS PERSONAGENS

Dois Âncoras (um homem e uma mulher)

Altura: Irrelevante.

Tipo físico: Imponente, seja em fala ou em porte físico, desde que descreva a autoridade de um apresentador.

Características marcantes: O mais sóbrio possível, sem muitas tatuagens e/ou piercings.

Óculos? Irrelevante.

Acessórios frequentes: Fichas de fala que jornalistas usam para lembrar das reportagens do dia.

Estilo de roupa: Terno e calça social para o homem, terninho e saia para a mulher. Um deles pode estar de shorts para fazer a piada que jornalistas só se vestem bem da cintura para cima.

Aparência: Bem arrumada.

Jeito de andar: Confiante.

Estilo de fala: Formal, grave e educada.

Ritmo de fala: Eloquente.

Sotaque forte? Irrelevante.

Cameraman ou camerawoman

Altura: Irrelevante.

Tipo físico: Irrelevante.

Características marcantes: Agitado(a), sempre preocupado(a) com o posicionamento das câmeras.

Óculos? Irrelevante.

Acessórios frequentes: Câmeras disponíveis no cenário que apontam para os âncoras

Estilo de roupa: Camiseta e calça jeans.

Aparência: Casual.

Jeito de andar: Empolgado.

Estilo de fala: Alto.

Ritmo de fala: Rápido.

Sotaque forte? Irrelevante.

Maquiador ou maquiadora

Altura: Irrelevante.

Tipo físico: Irrelevante.

Características marcantes: Agitado(a), sempre preocupado(a) com a aparência dos âncoras antes do show começar.

Óculos? Irrelevante

Acessórios frequentes: Kit de maquiagem.

Estilo de roupa: Camiseta e calça jeans (mais arrumado(a) que o câmera).

Aparência: Casual.

Jeito de andar: Empolgado.

Estilo de fala: Não possui falas.

Ritmo de fala: Não possui falas.

Sotaque forte? Irrelevante.

Outras informações relevantes sobre a personagem: Opcional, não é obrigatório para a peça.

Repórteres (homens ou mulheres)

Altura: Irrelevante.

Tipo físico: Irrelevante.

Características marcantes: Sensacionalistas, cortam seus entrevistados, sempre balançando as mãos para aumentar o exagero da reportagem (mesmo que não seja tão exagerada assim).

Óculos? Irrelevante.

Acessórios frequentes: Microfone.

Estilo de roupa: Camisa e calça jeans ou social.

Aparência: Formal, mas não chega à formalidade dos âncoras.

Jeito de andar: Confiante, como o de quem sabe que faz um bom trabalho.

Estilo de fala: Alto.

Ritmo de fala: Eloquente e até meio desesperado.

Sotaque forte? Irrelevante.

Outras informações relevantes sobre a personagem: Cada repórter pode ter um traço único de personalidade, fica a critério do grupo que fará a peça.

Bunsen

Altura: Irrelevante.

Tipo físico: Irrelevante.

Características marcantes: Agitado, empolgado sobre o que fala e até meio convencido, um pouco nariz empinado.

Óculos? Não.

Acessórios frequentes: Nenhum.

Estilo de roupa: Terno e calça mais antigos, peruca ou barba para dar aparência de uma pessoa idosa.

Aparência: Formal.

Jeito de andar: Cansado.

Estilo de fala: Cheio de si.

Ritmo de fala: Rápido.

Sotaque forte? Sim, alemão.

Delegado(a)

Altura: Mais alto possível, de preferência.

Tipo físico: Forte, de preferência.

Características marcantes: Sisudo(a) como de quem não brinca no trabalho, sempre muito sério(a).

Óculos? Irrelevante.

Acessórios frequentes: Distintivo da polícia, arma falsa.

Estilo de roupa: Camisa e calça jeans.

Aparência: Formal.

Jeito de andar: Determinado.

Estilo de fala: Sério e um pouco rude.

Ritmo de fala: Normal, nem muito lento, nem muito rápido.

Sotaque forte? Irrelevante.

Alquimista

Altura: Irrelevante.

Tipo físico: Magro, esguio como de um trapaceiro.

Características marcantes: Engraçado e despojado, quase caricato.

Óculos? Irrelevante.

Acessórios frequentes: Frascos e tubos coloridos.

Estilo de roupa: Miçangas e roupas largas.

Aparência: Mística.

Jeito de andar: Esguio.

Estilo de fala: Debochado e enfático nas sílabas tônicas.

Ritmo de fala: Demorado.

Sotaque forte? Irrelevante.

Comentarista de esportes (Penny Schmidt)

Altura: Irrelevante.

Tipo físico: Irrelevante.

Características marcantes: Engraçado e bem-humorado como um atleta.

Óculos? Irrelevante.

Acessórios frequentes: Microfone e cartilhas para lembrar das reportagens do dia.

Estilo de roupa: Camisa e calça jeans.

Aparência: Casual.

Jeito de andar: Leve e descontraído.

Estilo de fala: Sério, mas com diversão.

Ritmo de fala: Normal, nem muito lento, nem muito rápido.

Sotaque forte? Irrelevante.

Personagem: Atleta

Altura: Irrelevante.

Tipo físico: Irrelevante.

Características marcantes: Movimenta-se o tempo todo, como se estivesse fazendo aquecimentos.

Óculos? Irrelevante.

Acessórios frequentes: Nenhum.

Estilo de roupa: Esportivas, camiseta de nylon e shorts de tactel.

Aparência: Suada e revigorante.

Jeito de andar: Rápido e agitado.

Estilo de fala: Casual.

Ritmo de fala: Acelerado.

Sotaque forte? Irrelevante.

Especialista de doping

Altura: Irrelevante.

Tipo físico: Irrelevante.

Características marcantes: Empolgado com o que explica, como todo cientista ou professor.

Óculos? Irrelevante.

Acessórios frequentes: Canetas no bolso do jaleco e óculos de segurança.

Estilo de roupa: Jaleco por cima de camiseta, calça jeans e sapato fechado (devido à pandemia de Covid-19, é minimamente temático utilizar uma máscara também).

Aparência: Formal.

Jeito de andar: Casual.

Estilo de fala: Motivado.

Ritmo de fala: Normal, nem muito lento, nem muito rápido.

Sotaque forte? Irrelevante.

Testemunha

Altura: Irrelevante.

Tipo físico: Irrelevante.

Características marcantes: Confusa, meio avoada no que está acontecendo.

Óculos? Irrelevante.

Acessórios frequentes: Nenhum.

Estilo de roupa: Camiseta e calça moletom.

Aparência: Um pouco largada.

Jeito de andar: Livre.

Estilo de fala: Alto e dramático quando provocada pelo(a) repórter.

Ritmo de fala: Um pouco arrastado.

Sotaque forte? Irrelevante.

Cientista de nanotecnologia

Altura: Irrelevante.

Tipo físico: Irrelevante.

Características marcantes: No início, está disposto a dar uma entrevista, mas, à medida que ela, ocorre o personagem vai ficando furioso.

Óculos? Irrelevante.

Acessórios frequentes: Canetas no bolso do jaleco.

Estilo de roupa: Jaleco por cima de camiseta, calça jeans e sapato fechado (devido à pandemia de Covid-19, é minimamente temático utilizar uma máscara também).

Aparência: Casual.

Jeito de andar: Casual.

Estilo de fala: Casual, até ficar enfurecido.

Ritmo de fala: Acelera à medida que fica raivoso.

Sotaque forte? Irrelevante.

Anunciante

Altura: Irrelevante.

Tipo físico: Irrelevante.

Características marcantes: Gesticuloso, cheio de tiques para convencer o telespectador a comprar o produto.

Óculos? Irrelevante.

Acessórios frequentes: Nenhum.

Estilo de roupa: Camisa e calça jeans.

Aparência: Convencedora e arrumada.

Jeito de andar: Descontraído.

Estilo de fala: Alto e claro, cheio de maneirismos.

Ritmo de fala: Rápido como um leiloeiro.

Sotaque forte? Irrelevante.

Personagem: Estudante

Altura: Irrelevante.

Tipo físico: Irrelevante.

Características marcantes: Perdido com as perguntas iniciais, mas, após beber o chá do pensamento, fica ereto e superconfiante.

Óculos? Irrelevante.

Acessórios frequentes: Caderno e caneta.

Estilo de roupa: Camiseta e bermuda.

Aparência: Um pouco largada.

Jeito de andar: Livre.

Estilo de fala: Casual, depois do chá, fala de maneira bem mais convincente.

Ritmo de fala: Normal, nem muito lento, nem muito rápido.

Sotaque forte? Irrelevante.

Vendedor do Vanish Poder O2

Altura: Irrelevante.

Tipo físico: Irrelevante.

Características marcantes: Sorridente e muito otimista.

Óculos? Irrelevante.

Acessórios frequentes: Canetas no bolso do jaleco e óculos de segurança.

Estilo de roupa: Jaleco por cima de camiseta, calça jeans e sapato fechado.

Aparência: Contente e motivada.

Jeito de andar: Descontraído.

Estilo de fala: Alto e dramático ao fazer o experimento.

Ritmo de fala: Acelerado.

Sotaque forte? Irrelevante.

Casal da propaganda do Vanish Poder O2

Altura: Irrelevante.

Tipo físico: Irrelevante.

Características marcantes: Cheias de amor até cair a bebida na roupa de uma delas.

Óculos? Irrelevante.

Acessórios frequentes: Taças ou copos com a bebida que será derramada.

Estilo de roupa: Qualquer um, desde que minimamente arrumadas.

Aparência: Casuais.

Jeito de andar: Livre.

Estilo de fala: Um pouco melodramático e cheio gírias de casais (amorzinho, querido(a) etc.).

Ritmo de fala: Normal, nem muito lento, nem muito rápido.

Sotaque forte? Irrelevante.

Curandeira

Altura: Irrelevante.

Tipo físico: Irrelevante.

Características marcantes: Velinha e toda relaxada, supertranquila.

Óculos? Irrelevante.

Acessórios frequentes: Agulhas de tricô e xale de lã.

Estilo de roupa: Roupas que uma avó usaria (pulôver de lã, saia larga etc.).

Aparência: Bem tranquila e pacífica.

Jeito de andar: Vagaroso.

Estilo de fala: Tranquilo, cheio de expressões do interior de São Paulo.

Ritmo de fala: Devagar.

Sotaque forte? Sim, do interior de São Paulo.

Meteorologista

Altura: Irrelevante.

Tipo físico: Irrelevante.

Características marcantes: Empolgado e disposto, cheio de disposição para falar sobre o clima

Óculos? Irrelevante.

Acessórios frequentes: Fichamentos com anotações importantes sobre o que vai falar, assim como os âncoras e o(a) comentarista de esportes.

Estilo de roupa: Camisa e calça jeans ou social.

Aparência: Séria, mas bem-humorada.

Jeito de andar: Alegre, sempre apontando para o mapa da projeção.

Estilo de fala: Casual e contente.

Ritmo de fala: Relativamente rápido.

Sotaque forte? Irrelevante.

Personagem: Cientista de Marte

Altura: Irrelevante.

Tipo físico: Irrelevante.

Características marcantes: No início, está disposto a dar uma entrevista, mas, à medida que ela, ocorre vai ficando confuso e indignado.

Óculos? Irrelevante.

Acessórios frequentes: Canetas no bolso do jaleco.

Estilo de roupa: Jaleco por cima de camiseta, calça jeans e sapato fechado (devido à pandemia de Covid-19, é minimamente temático utilizar uma máscara também).

Aparência: Casual.

Jeito de andar: Casual.

Estilo de fala: Casual, até entender o que está acontecendo.

Ritmo de fala: Vai fazendo perguntas ao repórter no final da entrevista como: O quê? Não, eu não disse isso etc.

Sotaque forte? Irrelevante.

Aluno(a) de Química

Altura: Irrelevante.

Tipo físico: Irrelevante.

Características marcantes: No início disposto a dar uma entrevista, mas, à medida que ela ocorre, vai ficando furiosos(a).

Óculos? Irrelevante.

Acessórios frequentes: Canetas no bolso do jaleco e óculos de segurança.

Estilo de roupa: Jaleco por cima de camiseta, calça jeans e sapato fechado (devido à pandemia de Covid-19, é minimamente temático utilizar uma máscara também).

Aparência: Casual.

Jeito de andar: Casual.

Estilo de fala: Casual, fala com olhos brilhando de amor pelo curso que estuda.

Ritmo de fala: Normal, nem tão lento, nem tão rápido.

Sotaque forte? Irrelevante.

FICHA DOS EXPERIMENTOS

Experimento 1 – Biscoito Azul (cena II)

Materiais necessários:

Um copo de whisky

Uma espátula

Uma pisseta

Peróxido de hidrogênio (qualquer concentração)

Ácido acético (qualquer concentração)
Iodeto de potássio
Água destilada
Biscoito de água e sal

Procedimento para a preparação do experimento: No copo de whisky, colocar cerca de dois dedos de peróxido de hidrogênio e um dedo de ácido acético. Depois, adicionar uma ponta de espátula de iodeto de potássio até que a mistura fique amarelada, com uma cor próxima à de whisky. Por fim, molhar a fonte de amido diretamente no iodo, até a coloração azul intensa aparecer.

Efeito lúdico observado, relevante para a peça: Mudança de cor no biscoito, de amarelado para azul.

A química presente no experimento: O iodo gerado na reação do iodeto de potássio com o peróxido de hidrogênio forma uma espécie chamada de triiodeto (I3-) capaz de complexar com a cadeia helicoidal da amilose presente no amido. Esse complexo apresenta uma intensa coloração azul, visível no biscoito embebido na solução iódica.

$$H2O2 \ (aq) + 2 \ I\text{-}(aq) + 2H\text{+}(aq) \rightarrow I2 \ (aq) + 2H2O(aq)$$

$$I2 \ (aq) + I\text{-}(aq) \rightleftharpoons I3\text{-}(aq)$$

$$I3\text{-}(aq) + Amilose \rightleftharpoons Complexo \ Azul$$

Sugestão de adaptação do experimento: Qualquer fonte de amido pode ser utilizada, não apenas biscoito. Alguns exemplos são: batatas, pão e macarrão.

Cuidados necessários: Utilização de luvas para manuseio do peróxido de hidrogênio.

Experimento 2 – Fogo Roxo (cena III)

Materiais necessários

Um tripé de laboratório

Uma tela de amianto;

Uma espátula

Permanganato de potássio

Glicerina

Pisseta

Água destilada

Procedimento para a preparação do experimento: Colocar cerca de 10g de permanganato de potássio na tela de amianto sobre o tripé. Adicionar cerca de uma colher de sopa de glicerina e esguichar um pouco de água com a pisseta. Misturar esses componentes, formando uma "pasta". Esperar a reação ocorrer.

Efeito lúdico observado, relevante para a peça: Produção de chamas de cor arroxeada, que surge espontaneamente sem adição de energia por aquecimento ou fogo.

A química presente no experimento: Essa é uma reação de oxirredução, em que o permanganato de potássio, forte agente oxidante, oxida a glicerina a dióxido de carbono. Tal reação é extremamente exotérmica, produzindo energia na forma das chamas observadas e som.

$$2 \text{ KMnO4 (s)} + \text{HO-}\overset{\text{OH}}{\wedge}\text{-OH(l)} \rightleftharpoons 2 \text{ MnO2 (s)} + \text{K2CO3 (s)} + 2 \text{ CO2 (g)} + 4 \text{ H2O (g)}$$

A chama possui uma cor característica, pois os elétrons presentes na camada de valência do íon potássio (K+) são excitados pela energia térmica indo a um estado excitado. Entretanto, esses elétrons devem retornar ao estado fundamental em que se encontravam, devolvendo a energia de excitação na forma de luz. A depender da transição ocorrida, o comprimento de onda emitido muda, funcionando como uma espécie de impressão digital de cada elemento. No caso do potássio, a cor observada é a roxa.

Cuidados necessários: A reação é bastante exotérmica e pode acontecer até na espátula suja, por isso quem a fizer deve estar a uma distância segura do tripé, para evitar queimaduras a partir da chama gerada. Em vez da tela de amianto, pode-se utilizar outra superfície de apoio, desde que seja resistente ao calor e a oxidações geradas pelo permanganato. O descarte do sólido formado deve ser feito em um local apropriado para metais pesados (manganês).

Experimento 3 – Assopra (cena III)

Materiais necessários:

Canudos

Um erlenmeyer de 125 ml

Proveta de 100 ml

Pipeta de pasteur

Indicador universal

Hidróxido de amônio 0,1 m

75 ml de água destilada

Procedimento para a preparação do experimento: Ao Erlenmeyer, adicionar todo o volume de água (com auxílio da proveta), cinco gotas de indicador universal e quantidade suficiente de hidróxido de amônio até a mistura estar arroxeada. Então, pedir para uma pessoa assoprar a solução com um canudo até que a mistura migre para uma coloração alaranjada.

Efeito lúdico observado, relevante para a peça: A mudança de cor indicada pela mudança de pH.

A química presente no experimento: O hidróxido de amônio é uma base fraca que apresenta um equilíbrio com a amônia. À medida que o CO_2 assoprado pelo voluntário forma ácido carbônico em solução, o hidróxido de amônio presente é consumido (reação de neutralização), e a amônia formada é jogada para a atmosfera, tornando o meio cada vez mais ácido. Assim, o indicador vai mudando de coloração à medida que o pH do meio baixa.

$$NH4OH \ (aq) \rightleftharpoons NH4+(aq) + OH- \ (aq) \rightleftharpoons NH3 \ (g) + H2O \ (l)$$
$$CO2 \ (g) + H2O \ (l) \rightleftharpoons H2CO3 \ (aq) \rightleftharpoons H+(aq) + HCO3-(aq)$$

Sugestão de adaptação do experimento: Devido ao mal cheiro da amônia, outra base pode ser utilizada, como o hidróxido de sódio, desde que em pequena quantidade já que é uma base forte e pode fazer a mistura demorar mais para mudar de coloração.

Em relação à recente pandemia de Covid-19, o grupo também recomenda a alternativa de usar gelo seco no lugar do canudo caso seja possível, pois evita que as pessoas tirem suas máscaras para assoprar. O efeito observado é o mesmo, tendo como adicional toda a fumaça gerada pela sublimação do gelo seco (mini gotículas de água). Caso optem pelo canudo, recomenda-se utilizar canudos recicláveis e reutilizáveis, para evitar a geração de maiores quantidades de resíduos plásticos. No lugar do indicador universal, pode-se utilizar chá de repolho roxo.

Cuidados necessários: Não inalar amônia, pois é uma substância que irrita as vias respiratórias, além de malcheirosa.

Experimento 4 – Slime (cena III)

Materiais necessários:

Duas provetas de 10 mL

Um béquer de 100 mL

Bastão de vidro

Solução aquosa de PVAL

Ácido bórico (bórax)

Procedimento para a preparação do experimento: Colocar cerca de 5mL de PVAL em uma das provetas e 10 mL ácido bórico em outra. Misturar os dois volumes no béquer com o bastão de vidro até se observar aumento da viscosidade.

Efeito lúdico observado, relevante para a peça: Aumento da viscosidade da mistura, em que os reagentes, líquidos, foram convertidos a uma forma coloidal.

A química presente no experimento: Ao se adicionar o ácido bórico à solução de PVAL, ele interage via ligações de hidrogênio aos grupos laterais das cadeias poliméricas (grupos álcoois), o que acaba aglutinando as cadeias presentes umas com as outras, gerando o aumento de viscosidade notado.

Sugestão de adaptação do experimento: Caso não haja ácido bórico disponível, pode-se utilizar o produto "bórax", facilmente encontrado em lojas de construção e de jardinagem.

Cuidados necessários: Não ingerir a "geleca" gerada, por mais apetitosa que ela pareça.

Experimento 5 – Rodamina (cena VII)

Materiais necessários:

Dois béqueres

Uma pisseta

Lâmpada UV (365 nm)

Uma espátula pequena

Corante rosa

Rodamina

Água destilada

Procedimento para a preparação do experimento: Inserir, em ambos os béqueres, água destilada até a metade. Aplicar uma ponta de espátula de rodamina a um dos béqueres, mexendo até a sua completa solubilização. Ao outro béquer, adicionar algumas gotas do corante para que as soluções pareçam idênticas a olho nu. Acender a luz ultravioleta e verificar a fluorescência da rodamina no béquer que a contém.

Efeito lúdico observado, relevante para a peça: Fluorescência da rodamina.

A química presente no experimento: A rodamina é uma molécula fluorescente, isto é, ao excitá-la com um comprimento de onda adequado (faixa ultravioleta), seus elétrons e sua estrutura são levados a um estado excitado singlete, que possui rápida emissão de luz. Essa emissão é chamada fluorescência e se difere da fosforescência, em que a molécula é levada a um estado excitado triplete.

Sugestão de adaptação do experimento: Em vez de rodamina, pode-se utilizar qualquer composto fluorescente, até mesmo a tinta amarela de uma caneta marca texto.

Cuidados necessários: Manusear com EPI (Equipamento de Proteção Individual) e não olhar diretamente para a lâmpada UV.

Experimento 6 – "VANISH poder O2"

Materiais necessários:
Duas cubas de vidro
Dois panos brancos
Dois copos de plástico rígidos (ou vidro)
Pipeta de Pasteur
Água
Indicador ácido-base fenolftaleína
Hidróxido de amônio
Ácido acético

Procedimento para a preparação do experimento: Encher até a metade de cada uma das cubas de vidro com água. Depois, em uma delas adicionar o ácido acético e na outra manter apenas água (é aconselhável marcar as cubas com uma fita adesiva no fundo da cuba para não ocorrer confusões). Proceder da mesma forma com os copos, contudo em ambos será adicionado apenas o hidróxido de amônio e fenolftaleína, até uma coloração rosa intensa ser observada. Verter as soluções dos copos nos panos. Cada pano será inserido a uma cuba, e aquela que contém o ácido tirará a mancha rosa do pano, como se fosse um produto de limpeza mágico.

Efeito lúdico observado, relevante para a peça: Branqueamento do pano imerso no ácido.

A química presente no experimento: A fenolftaleína é um indicador que fica incolor na presença de ácidos e rosa na presença de bases. Assim, quando o ácido acético neutraliza o hidróxido de amônio em um dos panos, esse indicador volta a ser incolor, e o pano aparenta estar limpo.

$NH4+(aq) + OH-(aq) \rightleftharpoons NH3 (g) + H2O (l)$

Sugestão de adaptação do experimento: Outros indicadores ácido-base, até mesmo chá de repolho roxo, podem ser utilizados como substitutos da fenolftaleína.

Cuidados necessários: O manuseio de ácidos e bases deve ser sempre feito com o equipamento necessário, isto é, óculos de proteção, luvas, jaleco e calçado fechado. Além disso, não se deve inalar amônia devido a irritações das vias respiratórias.

Experimento 7 – Teste de Chama (cena XI)

Materiais necessários:
Borrifadores
Soluções alcoólicas de sais de diferentes cátions
Vidro de relógio
Palitos de fósforo
Álcool etílico 70%

Procedimento para a preparação do experimento: Preparar as soluções de cada cátion a ser utilizado, armazenando cada solução em um borrifador rotulado àquela solução. Depois, colocar um pouco de álcool sobre o vidro de relógio e acendê-lo com o fósforo. Por fim, borrifar, a uma distância segura, um pouco de cada solução e observar a cor da chama gerada.

Efeito lúdico observado, relevante para a peça: Identificação de diferentes elementos a partir da cor da chama que cada um deles emite.

A química presente no experimento: Ao fornecer energia para cada um dos íons em solução, seus elétrons de valência são excitados. Ao retornarem para o estado fundamental, eles devolvem essa energia na forma de luz. Cada elemento apresenta uma cor de chama característica, sendo um possível método analítico de identificação.

Sugestão de adaptação do experimento: Usar o maior número de sais possíveis. Borrifadores menores funcionam melhor.

Cuidados necessários: Borrifar o spray a uma distância segura do vidro de relógio para evitar queimaduras. Caso crianças ou adolescentes façam a reação, deve haver um adulto para supervisioná-las. Trabalhar sempre com EPI ao manipular metais pesados para evitar contaminações.

Experimento 8 – Garrafa Azul

Materiais necessários:

Garrafa pequena (250 ml)

100mL de Água destilada

Pipeta de Pasteur

Azul de metileno

10g de Glicose

18g Hidróxido de sódio

Procedimento para a preparação do experimento: Preparar solução de hidróxido de sódio. Haverá aquecimento da água nessa etapa, logo deve-se esperar que ela retorne à temperatura anterior. Adicionar a glicose à solução e esperar por sua dissolução completa. Transferir a mistura à garrafa, depois adicionar três gotas do corante, azul de metileno, à solução. Ela ficará incolor, mas, após agitação, o corante voltará a ficar azul. Deve-se lembrar de deixar um espaço livre para ar no interior da garrafa.

Efeito lúdico observado, relevante para a peça: Mudança cíclica de coloração, conforme agitação.

A química presente no experimento: reversibilidade, catalisador, oxirredução. O corante azul de metileno tem uma forma reduzida chamada de leucometileno que é incolor. Essa redução pode ocorrer na presença de uma aldose, como a glicose (açúcar redutor), deixando a solução sem cor. Porém, ao chacoalhar a garrafa, o oxigênio presente na parte sem líquido reage com o leucometileno, reoxidando esse corante a sua forma azul. Ele volta ao leucometileno quando se para de chacoalhar, formando um ciclo de mudança de cor. Esse ciclo acaba quando não há mais oxigênio no ar da garrafa, ou quando não há mais glicose em solução.

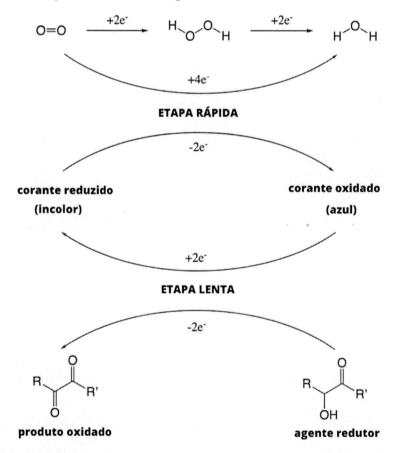

Sugestão de adaptação do experimento: Deve-se utilizar glicose, e não sacarose, já que esta não é um açúcar redutor.

Cuidados necessários: Hidróxido de sódio é uma substância cáustica que pode causar sérios danos às mucosas como olhos e lábios, sendo sempre necessário o uso de EPI ao manipular tal substância. Caso a solução atinja alguma dessas regiões, deve-se lavá-las com água corrente e fria em abundância. Ao agitar a garrafa, sempre verificar que ela se encontra fechada e bem vedada.

CAPÍTULO VII

SCIENCE PUB – A BALADA BRILHANTE

GRUPO TUBO DE ENSAIO

Francisco Furtado Tavares Lins
José Gelson Soares Braga
Leonardo Gomes de Sousa
Antonia Mariana Barbosa Ramos
Cláudio Tafarel Barbosa Gomes
Isabel Mayara da Costa Magalhães
Echiley Maiara Veloso Ribeiro
Antônio Márcio Alves dos Santos
Moisés Vicente de Sousa
Francisco Bernardo Rodrigues Braga
Maria Luana Matias Teixeira
João Batista de Sousa Silva

SINOPSE

A estória ocorre num bar fictício e atemporal onde se reúnem cientistas considerados brilhantes por suas contribuições nas ciências. Coincidentemente se encontraram no Science Pub Marie Curie, Elizabeth Fulhame, Sarah Gilbert e Outros personagens e iniciaram um debate sobre o papel da mulher nas Ciências. Na dramaturgia também há a figura de um barman que movimenta todos os personagens e realiza os experimentos envolvidos no roteiro da peça. Nosso roteiro fala um pouco de misoginia e tenta mostrar que o empoderamento feminino não é modismo.

INFORMAÇÕES SOBRE A PEÇA

Número mínimo de personagens: Sete.

Tempo: 30 minutos.

Espaço: Palco, espaço aberto.

Narrador(a)? Não.

Cenário: Simples.

Sonoplastia: Simples.

Experimentos: Simples.

Iluminação: Simples ou não necessária.

Maquiagem: Simples.

Figurino: Simples.

ROTEIRO

CENA I

NO PALCO HÁ UM BALCÃO (MESA COM INVÓLUCRO DE UM BANNER CHAMATIVO COM A PARTE DO NOME DA PEÇA "SCIENCE PUB") SOBRE O QUAL ESTÃO OS MATERIAIS NECESSÁRIOS PARA OS EXPERIMENTOS. PROJEÇÃO OU BANNER COM A PARTE DO NOME DA PEÇA "SCIENCE PUB" ATRÁS DO BALCÃO. MESA DE BAR COM QUATRO CADEIRAS.

O BARMAN ENTRA COM UMA COQUETELEIRA, CONVERSANDO COM O PÚBLICO.

BARMAN: — Eita que hoje à noite vai bombar, afinal sextou no Science Pub e só vem gente brilhante (MÚSICA DE PISEIRO QUE FALA DE SEXTOU; O BARMAN DANÇA). Galera deixa eu ir ajeitando meu bar (DIRIGE-SE PARA TRÁS DO BALCÃO).

OS PERSONAGENS COMEÇAM A ENTRAR EM CENA, NA SEQUÊNCIA A SEGUIR.

MARIE CURIE: — Garçom, me arrume uma cerveja bem gelada que hoje estou a fim de dar PT (MÚSICA "VAI DAR PT" – WESLEY SAFADÃO)

BARMAN: — Saindo uma loira gelada (EXPERIMENTO DA CERVEJA AMARELA)

ELIZABETH FULHAME: — Comandante, me traz um vinho tinto, que quero adocicar a noite... (MÚSICA "ADOCICA" – BETO BARBOSA)

BARMAN: — Saindo um vinho tinto do porto... (EXPERIMENTO ÁGUA PARA VINHO)

SARAH GILBERT: — Patrão, manda um drink de coco, que quero esquentar esta noite.

BARMAN: — Um drink de coco no ponto... (EXPERIMENTO DO DRINK DE COCO)

MARIE CURIE: — Você é nova aqui... Já viu ela, Eli?

ELIZABETH FULHAME: — Não, realmente é um rosto novo.

MARIE CURIE: — De quando você é?

SARAH GILBERT: — 2022, me chamo Sarah Gilbert. "Marie"... você é a Marie, tipo, a MARIE CURIE?

MARIE CURIE: — Sim. "a Marie".

SARAH: — Você é bem diferente das fotos nos livros.

MARIE CURIE: — Sim, aqui no Science Pub você pode ser o que quiser, afinal somos empoderadas.

SARAH GILBERT: — E você quem é?

ELIZABETH FULHAME: — Muito prazer, Elizabeth Fulhame!

SARAH GILBERT: — Primeira mulher formada em Química... eu já li sobre você. Muito prazer!

MARIE CURIE: — Mas e você? Como chegou aqui?

SARAH GILBERT: — Desenvolvi uma vacina para uma doença que está causando uma pandemia desde 2019.

SARAH GILBERT: — PANDEMIA!!!

MARIE CURIE: — Uma pandemia em pleno século XXI? Eu sempre achei que a humanidade iria erradicar esse tipo de coisa com o tempo, afinal para que estamos fazendo ciência?!!

SARAH GILBERT: — Ainda não conseguimos, e pior... temos que lidar com os negacionistas que pioram a situação, não acreditando na ciência.

MARIE CURIE: — Negacionistas? Como assim? As pessoas negam a existência da doença?

SARAH GILBERT: — Isso, isso mesmo! Alguns dizem que é conspiração.

MARIE CURIE: — Eu achei que, depois da minha época, as pessoas passariam a entender a ciência.

SARAH GILBERT: — Nem todos, incrivelmente, ainda tem gente que acredita na terra plana. Conspirações sobre uma pandemia se tornou uma maluquice até normal, é como uma nova era das trevas.

MARIE CURIE: — Gente, mas desde 300 a.C. Aristóteles afirmava que a terra era esférica!!!

ELIZABETH FULHAME: — Então o mundo retrocedeu? E todas as ideias de evolução?

SARAH GILBERT: — O mundo evolui a todo momento, só que moralmente o relógio bate para trás, e continuamos com os mesmo problemas do tempo de vocês. As mulheres ainda não são aceitas na ciência e em muitos outros campos, ou seja, persistimos nos mesmos erros ao passar dos séculos.

ELIZABETH FULHAME: — Também passei por isso. Ser a única mulher em sala de aula em uma universidade no ano de 1794 era bem complicado. É revoltante que ainda exista esse tipo de coisa no século XXI.

MARIE CURIE: — Nem me fala, também sofri preconceitos... até por parte do meu querido marido Pierre. Se não fosse meu amigo Bequerel e minha opinião firme, não teria êxito nos laboratórios de ciências. Soube por outros que meus trabalhos só vão ser reconhecidos quando eu morrer. Sempre fico ouvindo que contribuí bastante para a química e a física, que meus trabalhos foram reconhecidos e ganhei dois prêmios Nobel. Também soube que meu material de estudo é o que vai me matar. Eu digo é valha.

SARAH GILBERT: — Por que não parar com seus trabalhos?

MARIE CURIE: — O mundo precisa dos conhecimentos das mulheres. É por isso que eu e você damos a vida pelos estudos científicos.

CENA II

ALEOTÁRIO: — Vixe, já vi que o Science Pub hoje tá difícil, essas mulheres não aprendem quais são seus lugares.

ALEOTÁRIO: — Chefia, uma cerveja preta.

BARMAN: — Saindo uma Caruru! (EXPERIMENTO CERVEJA PRETA)

ALEOTÁRIO: — Um lugar aonde só os gênios vêm, é bizarro que mulheres possam frequentar, deveria ser um bar para cavalheiros, já que praticamente toda a ciência é feita por homens.

No canto do palco, na mesa, inicia-se um diálogo entre as mulheres.

MARIE CURIE: — Imbecil...

SARAH GILBERT: — Não é um lugar para gênios? Como esse cara chegou aqui?

ELIZABETH FULHAME: — Esse é o problema do lugar. Ele só reconhece o quão brilhante você é, e não o seu caráter, então esse tipinho também vem parar aqui. O tipo dele, racistas, homofóbicos e até gênios da guerra, pode frequentar esse lugar. É bem mais parecido com o mundo normal do que você pensa...

SARAH GILBERT: — E por que vocês vêm aqui?

MARIE CURIE: — Se formos deixar de ocupar nossos espaços por pessoas dessa laia, deixaremos o mundo para os loucos, até que não sobre mais nada para se transformar. LUGAR DE MULHER É ONDE ELA QUISER.

SARAH GILBERT: — É uma ótima reflexão.

ELIZABETH FULHAME: — Isso aí! Sempre se faz necessário lutar pelos nossos espaços.

MARIE CURIE: — É INCRÍVEL QUE UM LUGAR PARA GÊNIOS TENHA TANTOS BABACAS.

ALEOTÁRIO: — Marie, você está por aqui? Como vai seu marido? Você não cumpre suas obrigações de esposa? A louça ou as vidrarias não estão sujas?

MARIE CURIE: — E seu prêmio Nobel? Cadê?

ALEOTÁRIO: — Você nem chegou a ver seu Prêmio Nobel (gargalhadas).

MARIE CURIE: — Você também não, nem tem um pra ver.

ALEOTÁRIO: — Viu, mulheres como você não deveriam frequentar esse lugar, é como sujar o nome da ciência com pessoas irrelevantes. O Nobel é seu ou do Pierre e Bequerel? (GARGALHADAS). VOCÊ SÓ SABE FALAR DISSO?

MARIE CURIE: — E você só sabe falar misoginias?

ALEOTÁRIO: — Claro que não, mas tá tudo virando uma grande lacração. Pesquisas ridículas, só por que são feitas por mulheres, ganham alta relevância... não passa de lacração.

MARIE CURIE: — Só pra variar, posso te fazer uma pergunta?

ALEOTÁRIO: — Claro, tire suas dúvidas com um verdadeiro homem cientista.

MARIE CURIE: — E seu Prêmio Nobel?

ALEOTÁRIO: — VAI PRO INFERNO! (SAINDO DO PALCO FURIOSO) LUGAR DE MULHER É ESQUENTANDO A BARRIGA NO FOGÃO E ESFRIANDO NA PIA! (GARGALHADAS)

SARAH GILBERT: — Gostei de como tratou ele. No mundo não tem lugar pra misóginos.

MARIE CURIE: — Eu já nem me gasto conversando com esses babacas.

ELIZABETH FULHAME: — Ele saiu muito irritado.

MARIE CURIE: — Acho que esse tipo não tem mais jeito mesmo, porém temos que nos empoderar e estarmos onde quisermos (MÚSICA "SHOW DAS PODEROSAS", ANITTA).

CENA III

Entra Chico Lins bêbado, perdido, todo desarrumado, andando entrambicando.

CHICO LINS: — Que lugar é esse meu povo? (MÚSICA "TOMAR UMA HOJE" – WESLEY SAFADÃO).

BARMAN: — Você está no Science Pub, o bar das pessoas brilhantes que, de alguma forma, realizou algo em benefício para sociedade por meio das ciências.

CHICO LINS: — Então acho que foi engano, entrei no banheiro para tirar água do joelho e saí no bar errado. O único benefício que faço para ciência é reciclar cachaça (RISADA) Quer saber como?

BARMAN: — Não, deixa para lá! Vai querer algum drink?

CHICO LINS: — Vou querer uma enraizada das brabas, tem aí?

BARMAN: — Enraizada saindo (MOSTRAR UM EXTRATO DE RAIZ EM UMA GARRAFA TRANSPARENTE)

MARIE CURIE: — Quantos novatos! E você quem é?

CHICO LINS: — Chico Lins, o destilador alcoólico... (GARGALHADA)

ELIZABETH FULHAME: — Qual sua onda? Como chegou aqui?

CHICO LINS: — Sendo bem sincero, não sei, um segundo atrás eu estava com meus amigos em um bar bebendo umas e conversando sobre a vida. Quando fui ao banheiro, Deus sabe como, tudo escureceu e parei aqui.

MARIE CURIE: — Estranho! De quando você é?

CHICO LINS: — Sou da era de ouro, dos anos 80... sexo, bebida e rock in roll.

SARAH GILBERT: — Aqui na balada sempre esbarramos com carinhas novas, mas geralmente pessoas com uma carreira consolidada ou desenvolvendo algum processo promissor da ciência.

ELIZABETH FULHAME: — O que você faz da vida, meu jovem? Estuda? Trabalha?

SARAH GILBERT: — Grava TikTok?

MARIE CURIE: — Tik o quê?

SARAH GILBERT: — Longa história, depois te explico e mostro minha *for you.*

CHICO LINS: — O que eu faço? Bebo muito, só não bebo acetona para não tirar o esmalte do dente. Será que mereço está aqui, juntos aos gênios, por ter criado o grupo Tubo de ensaio! (GARGALHADA)

ELIZABETH FULHAME: — Barman, uma água por favor.

CHICO LINS: — Mas fico feliz, de um bar para outro... Que lugar estranho é esse? Uma festa pop-rock?

SARAH GILBERT: — Realmente achei meio abstrato quando cheguei, é meio atemporal.

MARIE CURIE: — O que será que te trouxe à nossa balada brilhante, meu jovem? O que é esse grupo Tubo de ensaio?

ELIZABETH FULHAME: — Apenas intelectos excentricamente geniais pisam neste solado (EXPRESSÃO DE ORGULHO)

MARIE CURIE: — Vez ou outra um que destoa.

CHICO LINS: — Tubo de ensaio! Foi assim: juntei um bando de abestados que acreditaram em mim e criamos o grupo para divulgar ciência, especificamente a química, por meio de shows e peças. Pense num troço de família animada (SORRI)

MARIE CURIE: — Chico Lins, essa balada une gerações e épocas diferentes, há grandes chances de unir grandes nomes e nomes em processo para alcançar o "grande".

BARMAN: — Ouça, em todos esses séculos trabalhando aqui, servi grandes nomes da história científica, você literalmente não está aqui por acaso, aproveite a oportunidade que lhe foi concedida e descubra o motivo com a ajuda dessas mulheres fascinantes (MÚSICA AGITADA DE BALADA).

CENA IV

ANNE GABRIELA: — Minino, onde estou? Eu tava no Mossoró Mix vendo o Natanzim (MÚSICA "TEM CABARÉ ESSA NOITE" – NATAN) e de repente, quando dei um virote, tudo apagou e aqui eu tô. Como foi isso, minino?

BARMAN: — Prof.ª Anne Gabriella "Num sei não, só sei que foi assim".

ANNE GABRIELA: — Valha meu Deus, aquelas são que em estou pensando? Marie, Elizabeth e Sarah? Eita mulheres arretadas! Taí que eu vou prosear com elas.

ANNE GABRIELA: — E aí, mininas, tudo de bom por aqui? Já li sobre vocês, viu. São FANATICAS, ô fantásticas.

ELIZABETH FULHAME: — Tudo bem, como você se chama?

MARIE CURIE: — O que faz na vida?

SARAH GILBERT: — De onde e de quando você é?

ANNE GABRIELA: — Valha, quantas perguntas de uma vez só... (SORRI)

ANNE GABRIELA: — Bem, deixa eu me apresentar: Minha graça é Gabriela, sou nordestina de Mossoró-RN e faço ciências na Universidade do Estado do Rio Grande do Norte. Já tenho patente do Processo de Obtenção de Niobiosilicatos (Nbs-15) Nanoporosos, mas o que mais me identifica e me orgulha é ser uma das coordenadoras dos Fanáticos da Química.

MARIE CURIE: — Então você é uma das nossas... cientista.

SARAH GILBERT: — É verdade que as mulheres do Nordeste brasileiro são porretas, é assim que se fala?

ANNE GABRIELA: — É assim mesmo Sarah. Somos porretas, arretadas, "mulher macho, sim senhor", e as de Mossoró é isso tudo e muito mais. Nois num tem essa de ser recatada, do lar, e quando falamos não, É NÃO. Mininas, eu vou dizer uma coisa, lá num tá bom não, viu. Um tal do indizível quer acabar com a educação, com as pesquisas científicas e desempoderá nóis mulheres, pode? Mas a gente vai à luta e bota é quente, sem medo de ser feliz.

ELIZABETH FULHAME: — Minha nossa!! Sério isso?! Além de negacionistas, são ditadores fascistas. O que foi que deu errado nesses séculos todos?!

ANNE GABRIELA: — Mas sigamos na luta, A ESPERANÇA VENCERÁ NOVAMENTE O ÓDIO. Gente, foi um prazer conhecer vocês, mulheres arretadas das ciências, mas tenho que ir porque tá ocorrendo em Mossoró o maior festival de teatro científico do Brasil, o Ciência em Cena. Marie, nesse festival você já foi homenageada várias vezes. Tchau...fui! (TODOS SAEM DE CENA, EXCETO O BARMAN)

CENA V

BARMAN: — Pensei que hoje não iria fechar o Science Pub, na realidade as conversas foram tão boas que passaria dias e noites escutando e servindo essas personalidades femininas que muito contribuíram para as ciências, cada uma na sua época deixando conhecimentos e transformações sociais e políticas para futuras gerações. Hoje ficou bem claro que não tem mais espaço para misoginia, que as mulheres podem, devem e vão para onde elas quiserem, quando quiserem, que não é não, e ninguém pode impedir seus empoderamentos (MÚSICA "MARIA MARIA", DE MILTON NASCIMENTO. CANTAR COMPLETA E CHAMAR A PLATEIA PARA CANTAR JUNTO)

FICHA DAS PERSONAGENS

Barman

Altura: Irrelevante.

Tipo físico: Irrelevante.

Características marcantes: Irrelevante.

Óculos? Irrelevante.

Acessórios frequentes: Relógio de bolso, coqueteleira.

Estilo de roupa: Sapato preto, calça preta, camisa de mangas compridas branca, suspensório.

Aparência: Irrelevante.

Jeito de andar: Confiante.

Estilo de fala: Formal, educado.

Ritmo de fala: Lento.

Sotaque forte? Não.

Marie Curie

Altura: Irrelevante.

Tipo físico: Irrelevante.

Características marcantes: Irrelevante.

Óculos? Irrelevante.

Acessórios frequentes: Irrelevante.

Estilo de roupa: Sapato preto, saia comprida e camisa de mangas compridas pretas, ou vestido preto longo com mangas compridas.

Aparência: Irrelevante.

Jeito de andar: Confiante.

Estilo de fala: Casual, educado.

Ritmo de fala: Lento.

Sotaque forte? Não.

Elizabeth Fulhame

Altura: Irrelevante.

Tipo físico: Irrelevante.

Características marcantes: Irrelevante.

Óculos? Irrelevante.

Acessórios frequentes: Irrelevante.

Estilo de roupa: Vestido com roupas femininas de época – século XVIII.

Aparência: Irrelevante.

Jeito de andar: Confiante.

Estilo de fala: Formal, educado.

Ritmo de fala: Lento.

Sotaque forte? Não.

Sarah Gilbert
Altura: Irrelevante.
Tipo físico: Irrelevante.
Características marcantes: Irrelevante.
Óculos? Sim.
Acessórios frequentes: Óculos de lentes transparentes.
Estilo de roupa: Sapato, calça, camisa e blazer formais década 2020.
Aparência: Irrelevante.
Jeito de andar: Confiante.
Estilo de fala: Formal, educado.
Ritmo de fala: Lento.
Sotaque forte? Não.

Aleotário
Altura: Irrelevante.
Tipo físico: Irrelevante.
Características marcantes: Irrelevante.
Óculos? Irrelevante.
Acessórios frequentes: Irrelevante.
Estilo de roupa: Casual, camisa da seleção brasileira e jaleco branco.
Aparência: Irrelevante.
Jeito de andar: Confiante.
Estilo de fala: Arrogante, tom alto.
Ritmo de fala: Pouco acelerado.
Sotaque forte? Não.

Chico Lins
Altura: Irrelevante.
Tipo físico: Irrelevante.
Características marcantes: Irrelevante.
Óculos? Irrelevante.
Acessórios frequentes: Irrelevante.

Estilo de roupa: Casual.

Aparência: Irrelevante.

Jeito de andar: Imitando um bêbado.

Estilo de fala: Casual, fala tropa de bêbado.

Ritmo de fala: Lento.

Sotaque forte? Sotaque de cearense.

Anne Gabriela

Altura: Irrelevante.

Tipo físico: Irrelevante.

Características marcantes: Irrelevante.

Óculos? Irrelevante.

Acessórios frequentes: Irrelevante.

Estilo de roupa: Casual.

Aparência: Irrelevante.

Jeito de andar: Confiante.

Estilo de fala: Casual, educado.

Ritmo de fala: Acelerado.

Sotaque forte? Sim, da região Nordeste do Brasil (Rio Grande do Norte).

FICHA DOS EXPERIMENTOS

Experimento 1 – Cerveja amarela

Materiais necessários:

Detergente de cor amarela

Peróxido de hidrogênio 10%

Iodeto de potássio

Tulipa de chopp

Espátula pequena

Bastão de vidro

Procedimento para a preparação do experimento: Adicionar a tulipa de chopp à solução de peróxido de hidrogênio 10% até metade de seu volume. Colocar 0,5 mL do detergente e agitar com um bastão de vidro. Adicionar cristais de iodeto de potássio.

Efeito lúdico observado, relevante para a peça: mudança de cor para amarelo e produção de espuma sobrenadante

A química presente no experimento:

$H2O2 + I- \rightarrow H2O + OI-$

$H2O2 + OI- \rightarrow H2O + I- + O2$

Experimento 2 – Água para vinho

Materiais necessários:

Solução de hidróxido de sódio 1m

Solução etanólica 1% de fenolftaleína

Taça de vinho

Procedimento para a preparação do experimento: Adicionar à taça de vinho a solução de hidróxido de sódio 1m até 2/3 de seu volume e gotejar solução etanólica 1% de fenolftaleína

Efeito lúdico observado, relevante para a peça: Mudança de cor de transparente para vinho.

A química presente no experimento:

incolor em meio ácido

rosa em meio básico

Experimento 3 – Drink de coco

Materiais necessários:
Solução concentrada de cloreto de sódio
Solução 1m de nitrato de prata
Taça tipo cone invertido

Procedimento para a preparação do experimento: Adicionar à taça solução a concentrada de cloreto de sódio até 1/3 de seu volume e completar com a solução 1m de nitrato de prata.

Efeito lúdico observado, relevante para a peça: Mudança de cor de transparente para branco.

A química presente no experimento:
$NaCl(aq) + AgNO3(aq) \rightarrow AgCl(s) + NaNO3(aq)$

Experimento 4 – Cerveja preta

Materiais necessários:
Solução concentrada de amido
Lugol
Detergente de lavar louça
Tulipa de chopp
Bastão de vidro

Procedimento para a preparação do experimento: Adicionar à tulipa a solução concentrada de amido até 3/4 de seu volume, colocar 5 gotas de detergente, agitar e completar com a solução de lugol.

Efeito lúdico observado, relevante para a peça: mudança de cor branco turvo para preto.

A química presente no experimento:
$(C6H10O5)n + I2(aq) + I- \rightarrow I-3(aq)$

SOBRE OS AUTORES

Ana Carolina Echeguren Campos

Graduanda em Química Pela Universidade de São Paulo.
Orcid: 0009-0007-4553-307X

Anne Gabriella Dias Santos

Doutora em Química Pelo Programa de Pós-Graduação em Química da Universidade Federal do Rio Grande do Norte (UFRN). Licenciada em Química pela Universidade Estadual do Rio Grande do Norte (UERN). Professora da Universidade do Estado do Rio Grande do Norte. Atualmente desenvolve trabalhos com biocombustível, síntese de nanomateriais, catálise aplicada para processos ambientais e ensino de química. Coordena o projeto de teatro para divulgação científica FANATicos da Química. Participa como docente permanente do Programa de Pós-graduação em Ciências Naturais da UERN.
Orcid: 0000-0001-7434-1105

Antonia Mariana Barbosa Ramos

Graduanda em Química pela Universidade do Estado do Ceará.
Orcid: 0009-0002-2406-1724

Antonio Carlos de Oliveira Martins

Graduando em Engenharia Química pela Universidade Estadual Paulista Júlio de Mesquita Filho.
Orcid: 0009-0003-0628-1851

Antônio Márcio Alves dos Santos

Graduanda em Química pela Universidade do Estado do Ceará.
Orcid: 0009-0000-9912-7789

Bruck Woliver

Graduando em Química pela Universidade Estadual Paulista Júlio de Mesquita Filho.

Orcid: 0009-0002-07147307

Cláudio Tafarel Barbosa Gomes

Graduando em Química pela Universidade Estadual Paulista.

Orcid: 0000-0002-5493-2765

Echiley Maiara Veloso Ribeiro

Graduanda em Química pela Universidade do Estado do Ceará.

Orcid:0009-0000-2702-0309

Eliane Fleming Oliveira

Graduanda em Química Pela Universidade de São Paulo.

Orcid: 0009-0003-6929-8941

Flora Pinheiro Cauli Carvalho

Graduanda em Química pela Universidade de São Paulo.

Orcid: 0009-0001-5172-4573

Francisco Bernardo Rodrigues Braga

Graduando em Química pela Universidade do Estado do Ceará.

Orcid: 0009-0001-1812-6483

Francisco Furtado Tavares Lins

Possui graduação em Química Industrial pela Universidade Federal do Ceará (1996), mestrado em Química Orgânica pela Universidade Federal do Ceará (2000) e doutorado em Química Orgânica pela Universidade Federal do Ceará (2005). Atualmente é professor adjunto da Universidade Estadual do Ceará. Tem experiência na área de Química, com ênfase em Síntese Orgânica, atuando principalmente nos seguintes temas: catálise de transferência de fase (CTF), adição de Michael, biodiesel e análise em cacha-

ças artesanais. Desenvolve também projetos na área de educação informal no ensino de Química com a utilização da linguagem do teatro científico.
Orcid: 0009-0007-2673-4028

Francisco Rogenildo da Silva

Graduando em Educação do Campo pela Universidade Federal Rural do Semi-Árido.
Orcid: 0009-0005-0223-4315

Francisco Souto de Sousa Júnior

Doutor em Química pelo Programa de Pós-Graduação em Química da Universidade Federal do Rio Grande do Norte (UFRN). Licenciado em Química pela Universidade Estadual do Rio Grande do Norte (UERN). Atualmente é professor adjunto I da Universidade Federal Rural do Semi--Árido (UFERSA). Docente Permanente do Programa de Pós-Graduação Interdisciplinar em Cognição, Tecnologia e Instituições/UFERSA, atuando nas seguintes linhas de pesquisa: atividades lúdicas para o ensino de química, formação de professores de química, divulgação científica, educação do campo e ensino de ciências.
Orcid: 0000-0002-2529-4119

Gabriel Clem Albuquerque Sasdelli

Graduando em Química pela Universidade de São Paulo.
Orcid: 0009-0001-4321-264X

Henrique Kamantschek Watanabe

Graduando em Química Pela Universidade de São Paulo.
Orcid: 0009-0009-0450-0305

Isabel Mayara da Costa Magalhães

Graduanda em Química pela Universidade do Estado do Ceará.
Orcid: 0009-0000-7233-5377

Jaqueline Molina Gregório

Graduanda em Química pela Universidade Estadual Paulista.
Orcid: 0009-0001-0112-1790

Jessica Danielly Silva

Mestranda em Ensino pelo Programa de Pós-Graduação em Ensino ofertado pela ampla associação entre a UERN, UFERSA E IFRN. Possui licenciatura em Química pela Universidade do Estado do Rio Grande do Norte.
Orcid: 0009-0007-6644-0024

João Batista de Sousa Silva

Possui graduação em Química pela Universidade Estadual do Ceará e pós-graduação em Ciências da Natureza, suas tecnologias e o mundo do trabalho pela Universidade Federal do Piauí.
Orcid: 0000-0001-8202-4812

João Victor Lopes Barreto

Graduando em Química pela Universidade de São Paulo.
Orcid: 0009-0009-7912-9029

Jocemar de Quadros Chagas

Possui doutorado em Ciência Matemática, área de concentração em Equações Diferenciais, pela Universidade Federal do Rio Grande do Sul – UFRGS (2015); mestrado em Matemática e Computação Científica, área de concentração em Equações Diferenciais, pela Universidade Federal de Santa Catarina – UFSC (2005); e licenciatura plena em Matemática pela Universidade de Passo Fundo – UPF (2001). Atua como Professor de ensino superior na Universidade Estadual de Ponta Grossa – UEPG. Tem experiência em: (i) pesquisa em Matemática, com ênfase em Análise Matemática, atuando principalmente nos seguintes temas: equações diferenciais parciais e cálculo fracionário; (ii) formação de professores, atuando principalmente na formação de professores de Matemática. Atualmente coordena o subprojeto Pibid Matemática na UEPG; (iii) divulgação científica, principalmente com ações que unem arte e ciência; e (iv) criação artística – teatro, com trabalhos desenvolvidos como dramaturgo, ator e diretor.

Orcid: 0000-0001-6828-3340

José Americo Ferreira de Oliveira

Graduando em Licenciatura em educação do Campo Pela Universidade Federal Rural do Semi-Árido.

Orcid: 0000-0001-9310-0104

José Gelson Soares Braga

Graduando em Química Pela Universidade do Estado do Ceará.

Orcid: 0009-0009-6809-1117

Kelânia Freire Martins Mesquita

Mestra em Educação Profissional e Tecnológica pelo Instituto Federal de Educação, Ciência e Tecnologia do Rio Grande do Norte (IFRN). Especialista em Educação a Distância pela Universidade Federal do Paraná (UFPR). Graduada em Química pela Universidade do Estado do Rio Grande do Norte (UERN), onde também é professora Classe II, Nível 13 do seu quadro efetivo. É pesquisadora na área de ensino, especialmente nas linhas de ensino de Química, CTS, EaD e EPT.

Orcid: 0009-0002-4865-4460

Keurison Figueredo Magalhães

Doutorado em Química pela Universidade Federal do Mato grosso do Sul. Mestre em Ciência e Tecnologia Ambiental pela Universidade Federal da Grande Dourados. Licenciado em Química pela Universidade Estadual de Mato Grosso do Sul. Possui doutorado sanduíche (PDSE) pela Universidad Complutense de Madrid (Espanha) no Grupo de Sensores Ópticos Químicos y Fotoquímica Aplicada (GSOLFA). Atualmente é professor adjunto da Universidade do Estado do Rio Grande do Norte. Trabalha com temáticas de química ambiental, ensino de química e teatro para divulgação científica. É coordenador do projeto de extensão Núcleo de divulgação científica FANATicos da química: divulgando a ciência por meio de teatro de temática científica e experimentos lúdicos.

Orcid: 0000-0002-0062-7263

Laura Lessinger Checchia

Graduanda em Química pela Universidade de São Paulo.
Orcid: 0009-0001-3951-475X

Leonardo Gomes de Sousa

Graduando em Química Pela Universidade do Estado do Ceará.
Orcid: 0000-0001-8864-8108

Letícia Garcia Nishiura

Graduanda em Química pela Universidade de São Paulo.
Orcid: 0009-0009-0312-9436

Livia Renata Andrade de Lima

Graduanda em Química pela Universidade de São Paulo.
Orcid: 0009-0008-3022-1388

Luiza Maria Lima Oliveira

Graduanda em Educação do Campo Pela Universidade Federal Rural do Semi-Árido.
Orcid: 0009-0003-2934-3904

Manoel Fábio Rodrigues

Mestre em Ensino pelo Instituto Federal de Educação, Ciência e Tecnologia do Rio Grande do Norte (IFRN). Especialista em Educação a Distância pela Universidade Federal do Paraná (UFPR). Licenciado em Ciências/Habilitação Biologia pela Universidade Federal da Paraíba. Professor efetivo da Universidade do Estado do Rio Grande do Norte (UERN), lotado na Faculdade de Educação.
Orcid: 0000-0003-0722-7526

Maria Izabel de Oliveira Cardoso

Mestranda em Ensino de Ciências Naturais, Matemática e Tecnologias. Graduada em Química pela Universidade do Estado do Rio Grande do Norte.
Orcid: 0009-0001-8243-1888

Maria Luana Matias Teixeira Graduanda em Química Pela Universidade do Estado do Ceará.
Orcid: 0009-0006-5808-9214

Maryanne Ladeia de Oliveira
Graduanda em Química Pela Universidade de São Paulo.
Orcid: 0009-0007-9187-5222

Miguel Martins dos Santos Neto
Licenciado em Química pela Universidade do Estado do Rio Grande do Norte (UERN) e mestre em Ciências Naturais pela UERN.
Orcid: 0009-0007-6305-1111

Moisés Vicente de Sousa
Graduando em Química Pela Universidade do Estado do Ceará.
Orcid: 0009-0004-9462-2245

Renan Sota Guimarães
Doutorando em Educação para a Ciência e a Matemática pela Universidade Estadual de Maringá. Mestre em Ensino de Ciências e Educação Matemática pela Universidade Estadual de Ponta Grossa. Especializado em Ensino de Química pela FAIARA e em Educação Ambiental e Ensino de Ciências pela UNINA. Licenciado em Química pela Universidade Estadual de Ponta Grossa (2015). Durante a graduação participou do Programa Institucional de Bolsa de Iniciação à Docência (Pibid) e Iniciação Científica (Pibic). Atua principalmente nos seguintes temas: Ensino de Ciências, Teatro Científico, Divulgação Científica e Educação não formal.
Orcid: 0000-0001-7434-1105

Rodrigo Costa Marques
Graduação em Química pela Unesp (1995); mestrado em Físico-Química (Instituto de Química – Unesp); Doutor em Físico-Química pela Universidade de York (Inglaterra) e Instituto de Química (Unesp); pós-doutorado em Química Inorgânica pelo Centre d'Elaboration de Matériaux

et d'Etudes Structurales, CEMES (França); pós-doutorado (Fapesp) em Físico-Química no IQ (Unesp). Tem experiência na área de Biomateriais e Materiais aplicados em biotecnologia e bioenergia. Atua também no uso de nanopartículas magnéticas como suportes para biocatalisadores aplicados em produção de biocombustíveis e no desenvolvimento de catalisadores para reforma a vapor de etanol e produção de HVO. Foi diretor do campus avançado da Universidade Federal de Alfenas (Unifal) em Poços de Caldas, onde atuou como interlocutor em várias ações de empreendedorismo e parcerias com setor produtivo da região. Na Unifal ajudou a implantar o modelo de Universidade Empreendedora. Atualmente é professor do Departamento de Química Analítica, Físico-Química e Inorgânica do Instituto de Química da Unesp, Campus de Araraquara. É coordenador do LAMMC, Laboratório de Materiais Magnéticos e Coloides. É coordenador do Centro de Monitoramento e Pesquisa da Qualidade de Combustíveis, Biocombustíveis, Petróleo e Derivados.

Orcid: 0000-0003-0195-3885

Rodrigo Ferreira Luiz

Aluno do Instituto de Química de São Carlos (IQSC), da Universidade de São Paulo (USP), cursando Bacharelado em Química Tecnológica com ênfase em materiais.

Orcid: 0000-0002-5767-620X

Sophia Fernandes Dias de Lima

Graduanda em Química pela Universidade de São Paulo.

Orcid: 0009-0009-7912-9029